BIBLIOTHÈQUE NATIONALE

ŒUVRES CHOISIES

DE

VAUVENARGUES

PARIS

Librairie de la BIBLIOTHÈQUE NATIONALE

L. PFLUGER, Éditeur

Passage Montesquieu, 5, rue Montesquieu

PRÈS LE PALAIS-ROYAL

Bibliothèque Nationale. — Volumes à 25 c.
CATALOGUE AU 1er JANVIER 1895

Alfieri. De la Tyrannie. 1
Arioste Roland furieux.... 6
Beaumarchais. Mémoires .. 5
— Barbier de Séville...... 1
— Mariage de Figaro...... 1
Beccaria. Délits et Peines.. 1
Bernardin de Saint-Pierre.
  Paul et Virginie 1
Boileau Satires. Lutrin.... 1
— Art poétique. Epîtres.... 1
Bossuet. Oraisons funèbres. 2
— Discours sur l'Histoire
  universelle.............. 3
Boufflers. Œuvres choisies. 1
Brillat-Savarin. Physiologie
  du Goût ,............ 2
Buffon. Discours sur le Style.
  Etude sur l'Histoire na-
  turelle. Les Epoques de la
  Nature. Sur la Conserva-
  tion des Forêts 2
Byron. Corsaire. Lara, etc. 1
Cazotte. Diable amoureux.. 1
Cervantes. Don Quichotte.. 4
César. Guerre des Gaules.. 1
Chamfort. Œuvres choisies 3
Chapelle et Bachaumont.
  Voyages amusants....... 1
Chateaubriand Atala. René. 1
Cicéron. De la République. 1
— Catilinaires. Discours... 1
— Discours contre Verrès. 3
— Harangues au Peuple et
  au Sénat.. 1
Collin-d'Harleville. Le Vieux
  Célibataire. M. de Crac.. 1
Condorcet Vie de Voltaire. 1
— Progrès de l'Esprit hu-
  main 2
Corneille. Le Cid Horace.. 1
— Cinna. Polyeucte 1
— Rodogune. Le Menteur. 1
— Nicomède. Pompée...... 1

Cornélius Népos. Vies des
  grands Capitaines, etc... 2
Courier(P.-L.). Chefs-d'œuvre 2
— Lettres d'Italie........ 1
Cyrano de Bergerac Œuvres 2
D'Alembert. Encyclopédie... 1
— Destruction des Jésuites. 1
Dante. L'Enfer 2
Démosthène Philippiques
  et Olynthiennes 1
Descartes. De la Méthode. 1
Desmoulins (Camille). Œu-
  vres 3
Destouches. Le Philosophe
  marié. La Fausse Agnès. 1
Diderot. Neveu de Rameau. 1
— La Religieuse 1
— Romans et Contes 2
— Paradoxe du Comédien. 1
— Mélanges philosophiques 1
— Jacques le Fataliste... 2
Duclos. Sur les Mœurs.... 1
Dumarsais. Essai sur les
  Préjugés............... 2
Dupuis. Origine des Cultes. 3
Epictète. Maximes....... 1
Erasme. Eloge de la Folie. 1
Fénelon. Télémaque....... 3
— Education des Filles.... 1
— Discours à l'Académie.
  Dialogues sur l'Eloquence. 1
Florian. Fables.......... 1
— Galatée. Estelle 1
— Gonzalve de Cordoue... 2
Foë. Robinson Crusoé..... 4
Fontenelle. Dialogues des
  Morts.................. 1
— Pluralité des Mondes... 1
— Histoire des Oracles.... 1
Gilbert. Poésies.......... 1
Gœthe. Werther.......... 1
— Hermann et Dorothée.. 1
— Faust 1

BIBLIOTHÈQUE NATIONALE

COLLECTION DES MEILLEURS AUTEURS ANCIENS ET MODERNES

OEUVRES CHOISIES

DE

VAUVENARGUES

PARIS

LIBRAIRIE DE LA BIBLIOTHÈQUE NATIONALE

PASSAGE MONTESQUIEU (RUE MONTESQUIEU)

Près le Palais-Royal

1895

RÉFLEXIONS ET MAXIMES

1. Il est plus aisé de dire des choses nouvelles que de concilier celles qui ont été dites.

2. L'esprit de l'homme est plus pénétrant
que conséquent, et embrasse plus qu'il ne
peut lier.

3 Lorsqu'une pensée est trop faible pour
porter une expression simple, c'est la marque
pour la rejeter.

4. La clarté orne les pensées profondes.

5. L'obscurité est le royaume de l'erreur.

6. Il n'y aurait point d'erreurs qui ne péris-
sent d'elles-mêmes, rendues clairement.

7. Ce qui fait souvent le mécompte d'un
écrivain, c'est qu'il croit rendre les choses
telles qu'il les aperçoit ou qu'il les sent.

8. On proscrirait moins de pensées d'un ouvrage, si on les concevait comme l'auteur.

9. Lorsqu'une pensée s'offre à nous comme
une profonde découverte, et que nous prenons
la peine de la développer, nous trouvons souvent que c'est une vérité qui court les rues.

10. Il est rare qu'on approfondisse la pensée
d'un autre; de sorte que, s'il arrive dans la

suite qu'on fasse la même réflexion, on se persuade aisément qu'elle est nouvelle, tant elle offre de circonstances et de dépendances qu'on avait laissé échapper.

11. Si une pensée ou un ouvrage n'intéresse que peu de personnes, peu en parleront.

12. C'est un grand signe de médiocrité de louer toujours modérément.

13. Les fortunes promptes en tout genre sont les moins solides, parce qu'il est rare qu'elles soient l'ouvrage du mérite. Les fruits mûrs, mais laborieux, de la prudence, sont toujours tardifs.

14. L'espérance anime le sage et leurre le présomptueux et l'indolent, qui se reposent inconsidérément sur ses promesses.

15. Beaucoup de défiances et d'espérances raisonnables sont trompées.

16. L'ambition ardente exile les plaisirs dès la jeunesse, pour gouverner seule.

17. La prospérité fait peu d'amis.

18. Les longues prospérités s'écoulent quelquefois en un moment, comme les chaleurs de l'été sont emportées par un jour d'orage.

19. Le courage a plus de ressources contre les disgrâces que la raison.

20. La raison et la liberté sont incompatibles avec la faiblesse.

21. La guerre n'est pas si onéreuse que la servitude.

22. La servitude abaisse les hommes jusqu'à s'en faire aimer.

23. Les prospérités des mauvais rois sont fatales aux peuples.

24. Il n'est pas donné à la raison de réparer tous les vices de la nature.

25. Avant d'attaquer un abus, il faut voir si on peut ruiner ses fondements.

26. Les abus inévitables sont des lois de la nature.

27. Nous n'avons pas le droit de rendre misérables ceux que nous ne pouvons rendre bons.

28. On ne peut être juste si on n'est humain.

29. Quelques auteurs traitent la morale comme on traite la nouvelle architecture, où l on cherche avant toutes choses la commodité.

30. Il est fort différent de rendre la vertu facile pour l'établir, ou de lui égaler le vice pour la détruire.

31. Nos erreurs et nos divisions, dans la morale, viennent quelquefois de ce que nous considérons les hommes comme s'ils pouvaient être tout à fait vicieux ou tout à fait bons.

32. Il n'y a peut-être point de vérité qui ne soit à quelque esprit faux matière d'erreur.

33. Les générations des opinions sont conformes à celles des hommes : bonnes et vicieuses tour à tour.

34. Nous ne connaissons pas l'attrait des violentes agitations. Ceux que nous plai-

gnons de leurs embarras méprisent notre repos.

35. Personne ne veut être plaint de ses erreurs.

36. Les orages de la jeunesse sont environnés de jours brillants.

37. Les jeunes gens connaissent plutôt l'amour que la beauté.

38. Les femmes et les jeunes gens ne séparent point leur estime de leurs goûts.

39. La coutume fait tout, jusqu'en amour.

40. Il y a peu de passions constantes; il y en a beaucoup de sincères : cela a toujours été ainsi. Mais les hommes se piquent d'être constants ou indifférents, selon la mode, qui excède toujours la nature.

41. La raison rougit des penchants dont elle ne peut rendre compte.

42. Le secret des moindres plaisirs de la nature passe la raison.

43. C'est une preuve de petitesse d'esprit, lorsqu'on distingue toujours ce qui est estimable de ce qui est aimable. Les grandes âmes aiment naturellement tout ce qui est digne de leur estime.

44. L'estime s'use comme l'amour.

45. Quand on sent qu'on n'a pas de quoi se faire estimer de quelqu'un, on est bien près de le haïr.

46. Ceux qui manquent de probité dans les plaisirs n'en ont qu'une feinte dans les affaires. C'est la marque d'un naturel féroce,

lorsque le plaisir ne rend point humain.

47. Les plaisirs enseignent aux princes à se familiariser avec les hommes.

48. Le trafic de l'honneur n'enrichit pas.

49. Ceux qui nous font acheter leur probité ne nous vendent ordinairement que leur honneur.

50. La conscience, l'honneur, la chasteté, l'amour et l'estime des hommes sont à prix d'argent. La libéralité multiplie les avantages des richesses.

51. Celui qui sait rendre ses profusions utiles a une grande et noble économie.

52. Les sots ne comprennent pas les gens d'esprit.

53. Personne ne se croit propre comme un sot à duper les gens d'esprit.

54. Nous négligeons souvent les hommes sur qui la nature nous donne quelque ascendant, qui sont ceux qu'il faut attacher et comme incorporer à nous, les autres ne tenant à nos amorces que par l'intérêt, l'objet du monde le plus changeant.

55. Il n'y a guère de gens plus aigres que ceux qui sont doux par intérêt.

56. L'intérêt fait peu de fortunes.

57. Il est faux qu'on ait fait fortune lorsqu'on ne sait pas en jouir.

58. L'amour de la gloire fait les grandes fortunes entre les peuples.

59. Nous avons si peu de vertu, que nous nous trouvons ridicules d'aimer la gloire.

60. La fortune exige des soins. Il faut être souple, amusant, cabaler, n'offenser personne, plaire aux femmes et aux hommes en place, se mêler les plaisirs et des affaires, cacher son secret, savoir s'ennuyer la nuit à table, et jouer trois quadrilles sans quitter sa chaise; même après tout cela, on n'est sûr de rien. Combien de dégoûts et d'ennuis ne pourrait-on pas s'épargner, si on osait aller à la gloire par le seul mérite!

61. Quelques fous se sont dit à table : Il n'y a que nous qui soyons bonne compagnie, et on les croit.

62. Les joueurs ont le pas sur les gens d'esprit, comme ayant l'honneur de représenter les gens riches.

63. Les gens d'esprit seraient presque seuls, sans les sots qui s'en piquent.

64. Celui qui s'habille le matin avant huit heures pour entendre plaider à l'audience, ou pour voir des tableaux étalés au Louvre, ou pour se trouver aux répétitions d'une pièce prête à paraître, et qui se pique de juger en tout genre du travail d'autrui, est un homme auquel il ne manque souvent que de l'esprit et du goût.

65. Nous sommes moins offensés du mépris des sots que d'être médiocrement estimés des gens d'esprit.

66. C'est offenser les hommes que de leur donner des louanges qui marquent les bornes de leur mérite : peu de gens sont assez modestes pour souffrir sans peine qu'on les apprécie.

67. Il est difficile d'estimer quelqu'un comme il veut l'être.

68. On doit se consoler de n'avoir pas les grands talents, comme on se console de n'avoir pas les grandes places. On peut être au-dessus de l'un et l'autre par le cœur.

69. La raison et l'extravagance, la vertu et le vice ont leurs heureux. Le contentement n'est pas la marque du mérite.

70. La tranquillité d'esprit passerait-elle pour une meilleure preuve de la vertu? La santé la donne.

71. Si la gloire et le mérite ne rendent pas les hommes heureux, ce que l'on appelle bonheur mérite-t-il leurs regrets? Une âme un peu courageuse daignerait-elle accepter ou la fortune, ou le repos d'esprit, ou la modération, s'il fallait leur sacrifier la vigueur de ses sentiments et abaisser l'essor de son génie.

72. La modération des grands hommes ne borne que leurs vices.

73. La modération des faibles est médiocrité.

74. Ce qui est arrogance dans les faibles est élévation dans les forts; comme la force des malades est frénésie, et celle des saints est vigueur.

75. Le sentiment de nos forces les augmente.

76. On ne juge pas si diversement des autres que de soi-même.

77. Il n'est pas vrai que les hommes soient meilleurs dans la pauvreté que dans les richesses.

78. Pauvres et riches, nul n'est vertueux ni heureux si la fortune ne l'a mis à sa place,

79. Il faut entretenir la vigueur du corps pour conserver celle de l'esprit.

80. On tire peu de service des vieillards.

81. Les hommes ont la volonté de rendre service jusqu'à ce qu'ils en aient le pouvoir.

82. L'avare prononce en secret : Suis-je chargé de la fortune des misérables ? et il repousse la pitié qui l'importune.

83. Ceux qui croient n'avoir plus besoin d'autrui deviennent intraitables.

84. Il est rare d'obtenir beaucoup des hommes dont on a besoin.

85. On gagne peu de choses par habileté.

86. Nos plus sûrs protecteurs sont nos talents.

87. Tous les hommes se jugent dignes des plus grandes places; mais la nature, qui ne les en a pas rendus capables, fait aussi qu'ils se tiennent très-contents dans les dernières.

88. On méprise les grands desseins lorsqu'on ne se sent pas capable des grands succès.

89. Les hommes ont de grandes prétentions et de petits projets.

90. Les grands hommes entreprennent les grandes choses parce qu'elles sont grandes, et les fous parce qu'ils les croient faciles.

91. Il est quelquefois plus facile de former un parti que de venir par degrés à la tête d'un parti déjà formé.

92. Il n'y a point de parti si aisé à détruire que celui que la prudence seule a formé. Les caprices de la nature ne sont pas si frêles que les chefs-d'œuvre de l'art.

93. On peut dominer par la force, mais jamais par la seule adresse.

94. Ceux qui n'ont que de l'habileté ne tiennent en aucun lieu le premier rang.

95. La force peut tout entreprendre contre les habiles.

96. Le terme de l'habileté est de gouverner sans la force.

97. C'est être médiocrement habile que de faire des dupes.

98. La probité, qui empêche les esprits médiocres de parvenir à leurs fins, est un moyen de plus de réussir pour les habiles.

99. Ceux qui ne savent pas tirer parti des autres hommes sont ordinairement peu accessibles.

100. Les habiles ne rebutent personne.

101. L'extrême défiance n'est pas moins nuisible que son contraire. La plupart des hommes deviennent inutiles à celui qui ne veut pas risquer d'être trompé.

102. Il faut tout attendre et tout craindre du temps et des hommes.

103. Les méchants sont toujours surpris de trouver de l'habileté dans les bons.

104. Trop et trop peu de secret sur nos affaires témoignent également une âme faible.

105. La familiarité est l'apprentissage des esprits.

106. Nous découvrons en nous-mêmes ce que les autres nous cachent, et nous reconnaissons dans les autres ce que nous cachons nous-mêmes.

107. Les maximes des hommes décèlent leur cœur.

108. Les esprits faux changent souvent de maximes.

109. Les esprits légers sont disposés à la complaisance.

110. Les menteurs sont bas et glorieux.

111. Peu de maximes sont vraies à tous égards.

112. On dit peu de choses solides lorsqu'on cherche à en dire d'extraordinaires.

113. Nous nous flattons sottement de persuader aux autres ce que nous ne pensons pas nous-mêmes.

114. On ne s'amuse pas longtemps de l'esprit d'autrui.

115. Les meilleurs auteurs parlent trop.

116. La ressource de ceux qui n'imaginent pas est de conter.

117 La stérilité de sentiment nourrit la paresse.

118. Un homme qui ne soupe ni ne dîne chez lui se croit occupé. Et celui qui passe la

matinée à se laver la bouche et à donner audience à son brodeur se moque de l'oisiveté
d'un nouvelliste qui se promène tous les jours
avant dîner.

119. Il n'y aurait pas beaucoup d'heureux
s'il appartenait à autrui de décider de nos occupations et de nos plaisirs.

120. Lorsqu'une chose ne peut pas nous
nuire, il faut nous moquer de ceux qui nous
en détournent.

121. Il y a plus de mauvais conseils que de
caprices.

122. Il ne faut pas croire aisément que ce
que la nature a fait aimable soit vicieux. Il
n'y a point de siècle et de peuple qui n'aient
établi des vertus et des vices imaginaires.

123. La raison nous trompe plus souvent
que la nature.

124. La raison ne connaît pas les intérêts
du cœur.

125. Si la passion conseille quelquefois plus
hardiment que la réflexion, c'est qu'elle donne
plus de force pour exécuter.

126. Si les passions font plus de fautes que
le jugement, c'est par la même raison que
ceux qui gouvernent font plus de fautes
que les hommes privés.

127. Les grandes pensées viennent du cœur.

128. Le bon instinct n'a pas besoin de la
raison, mais il la donne.

129. On paye chèrement les moindres biens
lorsqu'on ne les tient que de la raison.

130. La magnanimité ne doit pas compte à la prudence de ses motifs.

131. Personne n'est sujet à plus de fautes que ceux qui n'agissent que par réflexion.

132. On ne fait pas beaucoup de grandes choses par conseil.

133. La conscience est la plus changeante des règles.

134. La fausse conscience ne se connaît pas.

135. La conscience est présomptueuse dans les forts, timide dans les faibles et les malheureux, inquiète dans les indécis, etc., organe du sentiment qui nous domine et des opinions qui nous gouvernent.

136. La conscience des mourants calomnie leur vie.

137. La fermeté ou la faiblesse de la mort dépend de la dernière maladie.

138. La nature, épuisée par la douleur, assoupit quelquefois le sentiment dans les malades, et arrête la volubilité de leur esprit; et ceux qui redoutaient la mort sans péril la souffrent sans crainte.

139. La maladie éteint dans quelques hommes le courage, dans quelques autres la peur et jusqu'à l'amour de la vie.

140. On ne peut juger de la vie par une plus fausse règle que la mort.

141. Il est injuste d'exiger d'une âme atterrée et vaincue par les secousses d'un mal redoutable, qu'elle conserve la même vigueur qu'elle a fait paraître en d'autres temps. Est-

on surpris qu'un malade ne puisse plus ni
marcher, ni veiller, ni se soutenir? Ne serait-
il pas plus étrange, s'il était encore le même
homme qu'en pleine santé? Si nous avons eu
la migraine et que nous ayons mal dormi, on
nous excuse d'être incapable ce jour-là d'application, et personne ne nous soupçonne
d'avoir toujours été inappliqués. Refusons-
nous à un homme qui se meurt le privilége
que nous accordons à celui qui a mal à la
tête; et oserons-nous assurer qu'il n'a jamais
eu de courage pendant sa santé, parce qu'il
en aura manqué à l'agonie?

142. Pour exécuter de grandes choses, il
faut vivre comme si on ne devait jamais
mourir.

143. La pensée de la mort nous trompe, car
elle nous fait oublier de vivre.

144. Je dis quelquefois en moi-même : La
vie est trop courte pour mériter que je m'en
inquiète. Mais, si quelque importun me rend
visite et qu'il m'empêche de sortir et de m'habiller, je perds patience, et je ne puis supporter de m'ennuyer une demi-heure.

145. La plus fausse de toutes les philoso-
phies est celle qui, sous prétexte d'affranchir
les hommes des embarras des passions, leur
conseille l'oisiveté, l'abandon et l'oubli d'eux-
mêmes.

146. Si toute notre prévoyance ne peut rendre notre vie heureuse, combien moins notre
nonchalance!

147. Personne ne dit le matin : Un jour est

bientôt passé, attendons la nuit Au contraire, on rêve la veille à ce que l'on fera le
lendemain. On serait bien marri de passer un
seul jour à la merci du temps et des fâcheux.
On n'oserait laisser au hasard la disposition
de quelques heures, et on a raison. Car qui
peut se promettre de passer une heure sans
ennui, s'il ne prend soin de remplir à son gré
ce court espace? Mais ce qu'on n'oserait se
promettre pour une heure, on se le promet
quelquefois pour toute la vie, et l'on dit :
Nous sommes bien fous de nous tant in-
quiéter de l'avenir; c'est-à-dire nous sommes bien fous de ne pas commettre au hasard
nos destinées, et de pourvoir à l'intervalle qui
est entre nous et la mort.

148. Ni le dégoût n'est une marque de santé,
ni l'appétit n'est une maladie : mais tout au
contraire. Ainsi pense-t-on sur le corps. Mais
on juge de l'âme sur d'autres principes : on
suppose qu'une âme forte est celle qui est
exempte de passions; et comme la jeunesse
est ardente et plus active que le dernier âge,
on la regarde comme un temps de fièvre; et
on place la force de l'homme dans sa décadence.

149. L'esprit est l'œil de l'âme, non sa force.
Sa force est dans le cœur, c'est-à-dire dans
les passions. La raison la plus éclairée ne
donne pas d'agir et de vouloir. Suffit-il d'avoir
la vue bonne pour marcher? Ne faut-il pas
encore avoir des pieds, et la volonté avec la
puissance de les remuer?

150. La raison et le sentiment se conseillent

et se suppléent tour à tour. Quiconque ne consulte qu'un des deux et renonce à l'autre se prive inconsidérément d'une partie des secours qui nous ont été accordés pour nous conduire.

151. Nous devons peut-être aux passions les plus grands avantages de l'esprit.

152. Si les hommes n'avaient pas aimé la gloire, ils n'avaient ni assez d'esprit ni assez de vertu pour la mériter.

153. Aurions-nous cultivé les arts sans les passions? et la réflexion toute seule nous aurait-elle fait connaître nos ressources, nos besoins et notre industrie?

154. Les passions ont appris aux hommes la raison.

155. Dans l'enfance de tous les peuples, comme dans celle des particuliers, le sentiment a toujours précédé la réflexion, et en a été le premier maître.

156. Qui considérera la vie d'un seul homme y trouvera toute l'histoire du genre humain, que la science et l'expérience n'ont pu rendre bon.

157. S'il est vrai qu'on ne peut anéantir le vice, la science de ceux qui gouvernent est de le faire concourir au bien public.

158. Les jeunes gens souffrent moins de leurs fautes que de la prudence des vieillards.

159. Les conseils de la vieillesse éclairent sans échauffer, comme le soleil de l'hiver.

160. Le prétexte ordinaire de ceux qui font le malheur des autres est qu'ils veulent leur bien.

161. Il est injuste d'exiger des hommes qu'ils fassent, par déférence pour nos conseils, ce qu'ils ne veulent pas faire pour eux-mêmes.

162. Il faut permettre aux hommes de faire de grandes fautes contre eux-mêmes, pour éviter un plus grand mal, la servitude.

163. Quiconque est plus sévère que les lois est un tyran.

164. Ce qui n'offense pas la société n'est pas du ressort de la justice.

165. C'est entreprendre sur la clémence de Dieu de punir sans nécessité.

166. La morale austère anéantit la vigueur de l'esprit, comme les enfants d'Esculape détruisent le corps pour détruire un vice du sang souvent imaginaire.

167. La clémence vaut mieux que la justice.

168. Nous blâmons beaucoup les malheureux des moindres fautes, et les plaignons peu des plus grands malheurs.

169. Nous réservons notre indulgence pour les parfaits.

170. On ne plaint pas un homme d'être un sot, et peut-être qu'on a raison; mais il est fort plaisant d'imaginer que c'est sa faute.

171. Nul homme n'est faible par choix.

172. Nous querellons les malheureux pour nous dispenser de les plaindre.

173. La générosité souffre des maux d'autrui, comme si elle en était responsable.

174. L'ingratitude la plus odieuse, mais la plus commune et la plus ancienne, est celle des enfants envers leurs pères.

175. Nous ne savons pas beaucoup de gré à nos amis d'estimer nos bonnes qualités, s'ils osent seulement s'apercevoir de nos défauts.

176. On peut aimer de tout son cœur ceux en qui on reconnaît de grands défauts. Il y aurait de l'impertinence à croire que la perfection a seule le droit de nous plaire. Nos faiblesses nous attachent quelquefois les uns aux autres autant que pourrait le faire la vertu.

177. Les princes font beaucoup d'ingrats, parce qu'ils ne donnent pas tout ce qu'ils peuvent.

178. La haine est plus vive que l'amitié, moins que la gloire.

179. Si nos amis nous rendent des services, nous pensons qu'à titre d'amis ils nous les doivent, et nous ne pensons pas du tout qu'ils ne nous doivent pas leur amitié.

180. On n'est pas né pour la gloire lorsqu'on ne connaît pas le prix du temps.

181. L'activité fait plus de fortunes que la prudence.

182. Celui qui serait né pour obéir obéirait jusque sur le trône.

183. Il ne paraît pas que la nature ait fait les hommes pour l'indépendance.

184. Pour se soustraire à la force, on a été obligé de se soumettre à la justice. La justice ou la force, il a fallu opter entre ces deux maîtres, tant nous étions peu faits pour être libres.

185. La dépendance est née de la société.

186. Faut-il s'étonner que les hommes aient cru que les animaux étaient faits pour eux, s'ils pensent même ainsi de leurs semblables, et que la fortune accoutume les puissants à ne compter qu'eux sur la terre?

187. Entre rois, entre peuples, entre particuliers, le plus fort se donne des droits sur le plus faible, et la même règle est suivie par les animaux et les êtres inanimés; de sorte que tout s'exécute dans l'univers par la violence; et cet ordre, que nous blâmons avec quelque apparence de justice, est la loi la plus générale, la plus immuable et la plus importante de la nature.

188. Les faibles veulent dépendre, afin d'être protégés. Ceux qui craignent les hommes aiment les lois.

189. Qui sait tout souffrir peut tout oser.

190. Il est des injures qu'il faut dissimuler pour ne pas compromettre son honneur.

191. Il est bon d'être ferme par tempérament, et flexible par réflexion.

192. Les faibles veulent quelquefois qu'on les croie méchants; mais les méchants veulent passer pour bons.

193. Si l'ordre domine dans le genre humain,

c'est une preuve que la raison et la vertu y sont les plus fortes.

194. La loi des esprits n'est pas différente de celle des corps, qui ne peuvent se maintenir que par une continuelle nourriture.

195. Lorsque les plaisirs nous ont épuisés, nous croyons avoir épuisé les plaisirs; et nous disons que rien ne peut remplir le cœur de l'homme.

196. Nous méprisons beaucoup de choses pour ne pas nous mépriser nous-mêmes.

197. Notre dégoût n'est point un défaut et une insuffisance des objets extérieurs, comme nous aimons à le croire; mais un épuisement de nos propres organes et un témoignage de notre faiblesse.

198. Le feu, l'air, l'esprit, la lumière, tout vit par l'action. De là la communication et l'alliance de tous les êtres; de là l'unité et l'harmonie dans l'univers. Cependant cette loi de la nature si féconde, nous trouvons que c'est un vice dans l'homme; et parce qu'il est obligé d'y obéir, ne pouvant subsister dans le repos, nous concluons qu'il est hors de sa place.

199. L'homme ne se propose le repos que pour s'affranchir de la sujétion et du travail, mais il ne peut jouir que par l'action, et n'aime qu'elle.

200. Le fruit du travail est le plus doux des plaisirs.

201. Où tout est dépendant, il y a un maî-

tre . l'air appartient à l'homme, et l'homme à l'air; et rien n'est à soi ni à part.

202. Ô soleil! ô cieux! qu'êtes-vous? Nous avons surpris le secret et l'ordre de vos mouvements. Dans la main de l'Être des êtres, instruments aveugles et ressorts peut-être insensibles, le monde sur qui vous régnez mériterait-il nos hommages? Les révolutions des empires, la diverse face des temps, les nations qui ont dominé, et les hommes qui ont fait la destinée de ces nations mêmes, les principales opinions et les coutumes qui ont partagé la cre..nce des peuples dans la religion, les arts, la morale et les sciences, tout cela, que peut-il paraître? Un atome presque invisible, qu'on appelle l'homme, qui rampe sur la face de la terre, et qui ne dure qu'un jour, embrasse en quelque sorte d'un coup d'œil le spectacle de l'univers dans tous les âges.

203. Quand on a beaucoup de lumières, on admire peu; lorsque l'on en manque, de même. L'admiration marque le degré de nos connaissances, et prouve moins souvent la perfection des choses que l'imperfection de notre esprit.

204. Ce n'est point un grand avantage d'avoir l'esprit vif, si on ne l'a juste. La perfection d'une pendule n'est pas d'aller vite, mais d'être réglée.

205. Parler imprudemment et parler hardiment, c'est presque toujours la même chose, mais on peut parler sans prudence et parler juste; et il ne faut pas croire qu'un homme a

l'esprit faux parce que la hardiesse de son caractère ou la vivacité de ses passions lui auront arraché, malgré lui-même, quelque vérité périlleuse.

206. Il y a plus de sérieux que de folie dans l'esprit des hommes. Peu sont nés plaisants. La plupart le deviennent par imitation, froids copistes de la vivacité et de la gaieté.

207. Ceux qui se moquent des penchants sérieux aiment sérieusement les bagatelles.

208. Différent génie, différent goût. Ce n'est pas toujours par jalousie que réciproquement on se rabaisse.

209. On juge des productions de l'esprit comme des ouvrages mécaniques. Lorsque l'on achète une bague, on dit : Celle-là est trop grande, l'autre est trop petite, jusqu'à ce qu'on en rencontre une pour son doigt. Mais il n'en reste pas chez le joaillier; car celle qui m'est trop petite va bien à un autre.

210. Lorsque deux auteurs ont également excellé en divers genres, on n'a pas ordinairement assez d'égard à la subordination de leurs talents, et Despréaux va de pair avec Racine : cela est injuste.

211. J'aime un écrivain qui embrasse tous les temps et tous les pays, et rapporte beaucoup d'effets à peu de causes; qui compare les préjugés et les mœurs des différents siècles; qui, par des exemples tirés de la peinture ou de la musique, me fait connaître les beautés de l'éloquence et l'étroite liaison des arts. Je dis d'un homme qui rapproche ainsi

les choses humaines, qu'il a un grand génie, si
ses conséquences sont justes. Mais, s'il conclut
mal, je présume qu'il distingue mal les objets, ou qu'il n'aperçoit pas d'un seul coup
d'œil tout leur ensemble, et qu'enfin quelque
chose manque à l'étendue ou à la profondeur
de son esprit.

212. On discerne aisément la vraie de la
fausse étendue d'esprit; car l'une agrandit
ses sujets, et l'autre, par l'abus des épisodes
et par le faste de l'érudition, les anéantit.

213. Quelques exemples rapportés en peu
de mots et à leur place donnent plus d'éclat,
plus de poids et plus d'autorité aux réflexions;
mais trop d'exemples et trop de détails éner-
vent toujours un discours. Les digressions
trop longues ou trop fréquentes rompent
l'unité du sujet, et lassent les lecteurs sensés, qui ne veulent pas qu'on les détourne de
l'objet principal, et qui d'ailleurs ne peuvent
suivre, sans beaucoup de peine, une trop longue chaîne de faits et de preuves. On ne saurait trop rapprocher les choses ni trop tôt conclure. Il faut saisir d'un coup d'œil la véritable
preuve de son discours, et courir à la conclusion. Un esprit perçant fuit les épisodes et
laisse aux écrivains médiocres le soin de s'arrêter à cueillir les fleurs qui se trouvent sur
leur chemin. C'est à eux d'amuser le peuple,
qui lit sans objet, sans pénétration et sans
goût.

214. Le sot qui a beaucoup de mémoire est
plein de pensées et de faits; mais il ne sait
pas en conclure : tout tient à cela.

215. Savoir bien rapprocher les choses, voilà l'esprit juste. Le don de rapprocher beaucoup de choses et de grandes choses, fait les esprits vastes. Ainsi la justesse paraît être le premier degré, et une condition très-nécessaire de la vraie étendue d'esprit.

216. Un homme qui digère mal, et qui est vorace, est peut-être une image assez fidèle du caractère d'esprit de la plupart des savants.

217. Je n'approuve point la maxime qui veut *qu'un honnête homme sache un peu de tout.* C'est savoir presque toujours inutilement, et quelquefois pernicieusement, que de savoir superficiellement et sans principes. Il est vrai que la plupart des hommes ne sont guère capables de connaître profondément; mais il est vrai aussi que cette science superficielle qu'ils recherchent ne sert qu'à contenter leur vanité. Elle nuit à ceux qui possèdent un vrai génie; car elle les détourne nécessairement de leur objet principal, consume leur application dans des détails et sur des objets étrangers à leurs besoins et à leurs talents naturels; et enfin elle ne sert point, comme ils s'en flattent, à prouver l'étendue de leur esprit. De tout temps on a vu des hommes qui savaient beaucoup avec un esprit très-médiocre; et au contraire, des esprits très-vastes qui savaient fort peu. Ni l'ignorance n'est défaut d'esprit ni le savoir n'est preuve de génie.

218. La vérité échappe au jugement, comme les faits échappent à la mémoire. Les diverses

faces des choses s'emparent tour à tour d'un
esprit vif, et lui font quitter et reprendre successivement les mêmes opinions. Le goût
n'est pas moins inconstant. Il s'use sur les
choses les plus agréables, et varie comme
notre humeur.

219. Il y a peut-être autant de vérités parmi
les hommes que d'erreurs ; autant de bonnes
qualités que de mauvaises; autant de plaisirs que de peines; mais nous aimons à con-
trôler la nature humaine, pour essayer de
nous élever au-dessus de notre espèce, et
pour nous enrichir de la considération dont
nous tâchons de la dépouiller. Nous sommes
si présomptueux, que nous croyons pouvoir
séparer notre intérêt personnel de celui de
l'humanité, et médire du genre humain sans
nous commettre. Cette vanité ridicule a rempli les livres des philosophes d'invectives
contre la nature. L'homme est maintenant en
disgrâce chez tous ceux qui pensent, et c'est
à qui le chargera de plus de vices. Mais peut-
être est-il sur le point de se relever et de se
faire restituer toutes ses vertus, car la philosophie a ses modes comme les habits, la musique et l'architecture, etc.

220. Sitôt qu'une opinion devient commune,
il ne faut point d'autre raison pour obliger
les hommes à l'abandonner et à embrasser son
contraire, jusqu'à ce que celle-ci vieillisse à
son tour, et qu'ils aient besoin de se distinguer par d'autres choses. Ainsi s'ils attei-
gnent le but dans quelque art ou dans quelque
science, on doit s'attendre qu'ils le passeront

pour acquérir une nouvelle gloire; et c'est ce qui fait en partie que les plus beaux siècles dégénèrent si promptement, et qu'à peine sortis de la barbarie ils s'y replongent.

221. Les grands hommes, en apprenant aux faibles à réfléchir, les ont mis sur la route de l'erreur.

222. Où il y a de la grandeur, nous la sentons malgré nous. La gloire des conquérants a toujours été combattue; les peuples en ont toujours souffert, et ils l'ont toujours respectée.

223. Le contemplateur, mollement couché dans une chambre tapissée, invective contre le soldat qui passe les nuits de l'hiver au bord d'un fleuve, et veille en silence sous les armes pour la sûreté de sa patrie.

224. Ce n'est pas à porter la faim et la misère chez les étrangers qu'un héros attache la gloire, mais à les souffrir pour l'État; ce n'est pas à donner la mort, mais à la braver.

225. Le vice fomente la guerre; la vertu combat. S'il n'y avait aucune vertu, nous aurions pour toujours la paix.

226. La vigueur d'esprit ou l'adresse ont fait les premières fortunes. L'inégalité des conditions est née de celle des génies et des courages.

227. Il est faux que l'égalité soit une loi de la nature. La nature n'a rien fait d'égal. Sa loi souveraine est la subordination et la dépendance.

228. Qu'on tempère, comme on voudra, la

souveraineté dans un État, nulle loi n'est capable d'empêcher un tyran d'abuser de l'autorité de son emploi.

229. On est forcé de respecter les dons de la nature, que l'étude ni la fortune ne peuvent donner.

230. La plupart des hommes sont si resserrés dans la sphère de leur condition, qu'ils n'ont pas même le courage d'en sortir par leurs idées ; et si on en voit quelques-uns que la spéculation des grandes choses rend en quelque sorte incapables des petites, on en trouve encore davantage à qui la pratique des petites a ôté jusqu'au sentiment des grandes.

231. Les espérances les plus ridicules et les plus hardies ont été quelquefois la cause des succès extraordinaires.

232. Les sujets font leur cour avec bien plus de goût que les princes ne la reçoivent. Il est toujours plus sensible d'acquérir que de jouir.

233. Nous croyons négliger la gloire par pure paresse, tandis que nous prenons des peines infinies pour le plus petit intérêt.

234. Nous aimons quelquefois jusqu'aux louanges que nous ne croyons pas sincères.

235. Il faut de grandes ressources dans l'esprit et dans le cœur pour goûter la sincérité lorsqu'elle blesse, ou pour la pratiquer sans qu'elle offense. Peu de gens ont assez de fonds pour souffrir la vérité et pour la dire.

236. Il y a des hommes qui, sans y penser, se forment une idée de leur figure, qu'ils em-

pruntent du sentiment qui les domine; et c'est peut-être par cette raison qu'un fat se croit toujours beau.

237. Ceux qui n'ont que de l'esprit ont du goût pour les grandes choses et de la passion pour les petites.

238. La plupart des hommes vieillissent dans un petit cercle d'idées qu'ils n'ont pas tirées de leur fonds; il y a peut-être moins d'esprits faux que de stériles.

239. Tout ce qui distingue les hommes parait peu de chose. Qu'est-ce qui fait la beauté ou la laideur, la santé ou l'infirmité, l'esprit ou la stupidité? Une légère différence des organes, un peu plus ou un peu moins de bile, etc. Cependant ce plus ou ce moins est d'une importance infinie pour les hommes; et lorsqu'ils en jugent autrement, ils sont dans l'erreur.

240. Deux choses peuvent à peine remplacer, dans la vieillesse, les talents et les agréments : la réputation ou les richesses.

241. Nous n'aimons pas les zélés qui font profession de mépriser tout ce dont nous nous piquons, pendant qu'ils se piquent eux-mêmes de choses encore plus méprisables.

242. Quelque vanité qu'on nous reproche, nous avons besoin quelquefois qu'on nous assure de notre mérite.

243. Nous nous consolons rarement des grandes humiliations; nous les oublions.

244. Moins on est puissant dans le monde, plus on peut commettre de fautes impunément ou avoir inutilement un vrai mérite.

245. Lorsque la fortune veut humilier les sages, elle les surprend dans ces petites occasions où l'on est ordinairement sans précaution et sans défense. Le plus habile homme du monde ne peut empêcher que de légères fautes n'entraînent quelquefois d'horribles malheurs; et il perd sa réputation ou sa fortune par une petite imprudence, comme un autre se casse la jambe en se promenant dans sa chambre.

246. Soit vivacité, soit hauteur, soit avarice, il n'y a point d'homme qui ne porte dans son caractère une occasion continuelle de faire des fautes; et si elles sont sans conséquence, c'est à la fortune qu'il le doit.

247. Nous sommes consternés de nos rechutes et de voir que nos malheurs mêmes n'ont pu nous corriger de nos défauts.

248. La nécessité modère plus de peines que la raison.

249. La nécessité empoisonne les maux qu'elle ne peut guérir.

250. Les favoris de la fortune ou de la gloire, malheureux à nos yeux, ne nous détournent point de l'ambition.

251. La patience est l'art d'espérer.

252. Le désespoir comble non-seulement notre misère, mais notre faiblesse.

253. Ni les dons ni les coups de la fortune n'égalent ceux de la nature, qui la passe en rigueur comme en bonté.

254. Les biens et les maux extrêmes ne se font pas sentir aux âmes médiocres.

255. Il y a peut-être plus d'esprits légers dans ce qu'on appelle le monde que dans les conditions moins fortunées.

256. Les gens du monde ne s'entretiennent pas de si petites choses que le peuple; mais le peuple ne s'occupe pas de choses si frivoles que les gens du monde.

257. On trouve dans l'histoire de grands personnages que la volupté ou l'amour ont gouvernés; elle n'en rappelle pas à ma mémoire qui aient été galants. Ce qui fait le mérite essentiel de quelques hommes ne peut même subsister dans quelques autres comme un faible.

258. Nous courons quelquefois les hommes qui nous ont imposé par leurs dehors, comme de jeunes gens qui suivent amoureusement un masque, le prenant pour la plus belle femme du monde, et qui le harcèlent jusqu'à ce qu'ils l'obligent de se découvrir, et de leur faire voir qu'il est un petit homme avec de la barbe et un visage noir.

259. Le sot s'assoupit et fait la sieste en bonne compagnie, comme un homme que la curiosité a tiré de son élément, et qui ne peut ni respirer ni vivre dans un air subtil.

260. Le sot est comme le peuple, qui se croit riche de peu.

261. Lorsqu'on ne veut rien perdre ni cacher de son esprit, on en diminue d'ordinaire la réputation.

262. Des auteurs sublimes n'ont pas négligé de primer encore par les agréments, flattés

de remplir l'intervalle de ces deux extrêmes,
et d'embrasser toute la sphère de l'esprit humain. Le public, au lieu d'applaudir à l'uni-
versalité de leurs talents, a cru qu'ils étaient
incapables de se soutenir dans l'héroïque; et
on n'ose les égaler à ces grands hommes qui,
s'étant renfermés dans un seul et beau caractère, paraissent avoir dédaigné de dire
tout ce qu'ils ont tu, et abandonné aux génies
subalternes les talents médiocres.

263. Ce qui paraît aux uns étendue d'esprit
n'est, aux yeux des autres, que mémoire et
légèreté.

264. Il est aisé de critiquer un auteur, mais
il est difficile de l'apprécier.

265. Je n'ôte rien à l'illustre Racine, le plus
sage et le plus élégant des poëtes, pour n'a-
voir pas traité beaucoup de choses qu'il eût
embellies, content d'avoir montré dans un
seul genre la richesse et la sublimité de son
esprit. Mais je me sens forcé de respecter un
génie hardi et fécond, élevé, pénétrant, facile, infatigable; aussi ingénieux et aussi aimable dans les ouvrages de pur agrément
que vrai et pathétique dans les autres; d'une
vaste imagination, qui a embrassé et pénétré
rapidement toute l'économie des choses humaines; à qui ni les sciences abstraites, ni
les arts, ni la politique, ni les mœurs des
peuples, ni leurs opinions, ni leurs histoires,
ni leur langue même n'ont pu échapper;
illustre, en sortant de l'enfance, par la grandeur et par la force de sa poésie féconde en
pensées, et bientôt après par les charmes et

par le caractère original et plein de raison de
sa prose; philosophe et peintre sublime, qui
a semé avec éclat, dans ses écrits, tout ce
ou'il y a de grand dans l'esprit des hommes;
qui a représenté les passions avec des traits
de feu et de lumière, et enrichi le théâtre de
nouvelles grâces; savant à imiter le caractère et à saisir l'esprit des bons ouvrages de
chaque nation par l'extrème étendue de son
génie, mais n'imitant rien d'ordinaire qu'il ne
l'embellisse; éclatant jusque dans les fautes
qu'on a cru remarquer dans ses écrits, et tel
que, malgré leurs défauts et malgré les efforts de la critique, il a occupé sans relâche
de ses veilles ses amis et ses ennemis, et
porté chez les étrangers, dès sa jeunesse, la
réputation de nos lettres, dont il a reculé
toutes les bornes.

266. Si on ne regarde que certains ouvrages
des meilleurs auteurs, on sera tenté de les
mépriser. Pour les apprécier avec justice, il
faut tout lire.

267. Il ne faut point juger des nommes par
ce qu'ils ignorent, mais par ce qu'ils savent,
et par la manière dont ils le savent.

268. On ne doit pas non plus demander
aux auteurs une perfection qu'ils ne puissent
atteindre. C'est faire trop d'honneur à l'esprit humain de croire que des ouvrages irréguliers n'aient pas droit de lui plaire, surtout
si ces ouvrages peignent les passions. Il n'est
pas besoin d'un grand art pour faire sortir
les meilleurs esprits de leur assiette, et pour
leur cacher les défauts d'un tableau hardi et

touchant. Cette parfaite régularité qui manque aux auteurs ne se trouve point dans nos propres conceptions. Le caractère naturel de l'homme ne comporte pas tant de règle. Nous ne devons pas supposer dans le sentiment une délicatesse que nous n'avons que par réflexion. Il s'en faut de beaucoup que notre goût soit toujours aussi difficile à contenter que notre esprit.

269. Il nous est plus facile de nous teindre d'une infinité de connaissances que d'en bien posséder un petit nombre.

270. Jusqu'à ce qu'on rencontre le secret de rendre les esprits plus justes, tous les pas que l'on pourra faire dans la vérité n'empêcheront pas les hommes de raisonner faux; et plus on voudra les pousser au delà des notions communes, plus on les mettra en péril de se tromper.

271. Il n'arrive jamais que la littérature et l'esprit de raisonnement deviennent le partage de toute une nation, qu'on ne voie aussitôt, dans la philosophie et dans les beaux-arts, ce qu'on remarque dans les gouvernements populaires, où il n'y a point de puérilités et de fantaisies qui ne se produisent et ne trouvent des partisans.

272. L'erreur ajoutée à la vérité ne l'augmente point. Ce n'est pas étendre la carrière des arts que d'admettre de mauvais genres; c'est gâter le goût; c'est corrompre le jugement des hommes, qui se laisse aisément séduire par les nouveautés, et qui, mêlant ensuite le vrai et le faux, se détourne bientôt

dans ses productions, de l'imitation de la nature, et s'appauvrit ainsi en peu de temps par la vaine ambition d'imaginer et de s'écarter des anciens modèles.

273. Ce que nous appelons une pensée brillante n'est ordinairement qu'une expression captieuse qui, à l'aide d'un peu de vérité, nous impose une erreur qui nous étonne.

274. Qui a le plus a, dit-on, le moins; cela est faux. Le roi d'Espagne, tout puissant qu'il est, ne peut rien à Lucques. Les bornes de nos talents sont encore plus inébranlables que celles des empires; et on usurperait plutôt toute la terre que la moindre vertu.

275. La plupart des grands personnages ont été les hommes de leur siècle les plus éloquents. Les auteurs des plus beaux systèmes, les chefs de partis et de sectes, ceux qui ont eu dans tous les temps le plus d'empire sur l'esprit des peuples, n'ont dû la meilleure partie de leurs succès qu'à l'éloquence vive et naturelle de leur âme. Il ne paraît pas qu'ils aient cultivé la poésie avec le même bonheur. C'est que la poésie ne permet guère que l'on se partage, et qu'un art si sublime et si pénible se peut rarement allier avec l'embarras des affaires et les occupations tumultueuses de la vie; au lieu que l'éloquence se mêle partout, et qu'elle doit la plus grande partie de ses séductions à l'esprit de médiation et de manége, qui forme les hommes d'État et les politiques, etc.

276. C'est une erreur dans les grands de croire qu'ils peuvent prodiguer sans consé-

quence leurs paroles et leurs promesses. Les hommes souffrent avec peine qu'on leur ôte ce qu'ils se sont en quelque sorte appropriés par l'espérance. On ne les trompe pas long-temps sur leurs intérêts, et ils ne haïssent rien tant que d'être dupes. C'est par cette raison qu'il est si rare que la fourberie réussisse ; il faut de la sincérité et de la droiture, même pour séduire. Ceux qui ont abusé les peuples sur quelque intérêt général étaient fidèles aux particuliers. Leur habileté consistait à captiver les esprits par des avantages réels. Quand on connaît bien les hommes, et qu'on veut les faire servir à ses desseins, on ne compte point sur un appât aussi frivole que celui des discours et des promesses. Ainsi les grands orateurs, s'il m'est permis de joindre ces deux choses, ne s'efforcent pas d'imposer par un tissu de flatteries et d'impostures, par une dissimulation continuelle, et par un lan-gage purement ingénieux. S'ils cherchent à faire illusion sur quelque point principal, ce n'est qu'à force de sincérité et de vérités de détail ; car le mensonge est faible par lui-même : il faut qu'il se cache avec soin ; et s'il arrive qu'on persuade quelque chose par des discours captieux, ce n'est pas sans beaucoup de peine. On aurait grand tort d'en conclure que ce soit en cela que consiste l'éloquence. Jugeons au contraire par ce pouvoir des sim-ples apparences de la vérité, combien la vérité elle-même est éloquente et supérieure à notre art.

277. Un menteur est un homme qui ne sait pas tromper ; un flatteur, celui qui ne trompe

ordinairement que les sots. Celui qui sait se
servir avec adresse de la vérité, et qui en connaît l'éloquence, peut seul se piquer d'être
habile.

278. Est-il vrai que les qualités dominantes
excluent les autres? Qui a plus d'imagination que Bossuet, Montaigne, Descartes, Pascal, tous grands philosophes? Qui a plus de
jugement et de sagesse que Racine, Boileau,
La Fontaine, Molière, tous poëtes pleins de
génie?

279. Descartes a pu se tromper dans quelques-uns de ses principes, et ne point se tromper dans ses conséquences, sinon rarement.
On aurait donc tort, ce me semble, de conclure de ses erreurs que l'imagination et l'invention ne s'accordent point avec la justesse.
La grande vanité de ceux qui n'imaginent
pas est de se croire seuls judicieux. Ils ne
font pas attention que les erreurs de Descartes, génie créateur, ont été celles de trois
ou quatre mille philosophes, tous gens sans
imagination. Les esprits subalternes n'ont
point d'erreur en leur privé nom, parce qu'ils
sont incapables d'inventer, même en se trom-
pant; mais ils sont toujours entraînés sans le
savoir par l'erreur d'autrui; et lorsqu'ils se
trompent d'eux-mêmes, ce qui peut arriver
souvent, c'est dans des détails et des conséquences Mais leurs erreurs ne sont ni assez
vraisemblables pour être contagieuses ni
assez importantes pour faire du bruit.

280 Ceux qui sont nés éloquents parlent
quelquefois avec tant de clarté et de brièveté
des grandes choses, que la plupart des hom-

mes n'imaginent pas qu'ils en parlent avec profondeur. Les esprits pesants, les sophistes ne reconnaissent pas la philosophie, lorsque l'éloquence la rend populaire, et qu'elle ose peindre le vrai avec des traits fiers et hardis. Ils traitent de superficielle et de frivole cette splendeur d'expression qui emporte avec elle la preuve des grandes pensées. Ils veulent des définitions, des discussions, des détails et des arguments. Si Locke eût rendu vivement en peu de pages les sages vérités de ses écrits, ils n'auraient pas osé le compter parmi les philosophes de son siècle.

281. C'est un malheur que les hommes ne puissent d'ordinaire posséder aucun talent sans avoir quelque envie d'abaisser les autres. S'ils ont la finesse, ils décrient la force; s'ils sont géomètres ou physiciens, ils écrivent contre la poésie et l'éloquence; et les gens du monde, qui ne pensent pas que ceux qui ont excellé dans quelque genre jugent mal d'un autre talent, se laissent prévenir par leurs décisions. Ainsi, quand la métaphysique ou l'algèbre sont à la mode, ce sont des métaphysiciens ou des algébristes qui font la réputation des poëtes et des musiciens; ou tout au contraire l'esprit dominant assujétit les autres à son tribunal, et la plupart du temps à ses erreurs.

282. Qui peut se vanter de juger, ou d'inventer, ou d'entendre à toutes les heures du jour? Les hommes n'ont qu'une petite portion d'esprit, de goût, de talent, de vertu, de gaieté, de santé, de force, etc.; et ce peu qu'ils ont en partage, ils ne le possèdent point

à leur volonté ni dans le besoin, ni dans tous
les âges.

283 C'est une maxime inventée par l'envie,
et trop légèrement adoptée par les philosophes, *qu'il ne faut point louer les hommes avant
leur mort.* Je dis au contraire que c'est pendant leur vie qu'il faut les louer, lorsqu'ils
ont mérité de l'être. C'est pendant que la jalousie et la calomnie, animées contre leur
vertu ou leurs talents, s'efforcent de les dégrader, qu'il faut oser leur rendre témoignage.
Ce sont les critiques injustes qu'il faut craindre de hasarder, et non les louanges sincères.

284. L'envie ne saurait se cacher. Elle accuse et juge sans preuves ; elle grossit les défauts ; elle a des qualifications énormes pour
les moindres fautes. Son langage est rempli
de fiel, d'exagération et d'injure. Elle s'a-
charne avec opiniâtreté et avec fureur contre
le mérite éclatant. Elle est aveugle, emportée,
insensée, brutale.

285. Il faut exciter dans les hommes le sentiment de leur prudence et de leur force, si
on veut élever leur génie. Ceux qui, par leurs
discours ou leurs écrits, ne s'attachent qu'à
relever les ridicules et les faiblesses de l'humanité, sans distinction ni égards, éclairent bien moins la raison et les jugements
du public, qu'ils ne dépravent ses inclinations.

286. Je n'admire point un sophiste qui ré-
calme contre la gloire et contre l'esprit des
grands hommes. En ouvrant mes yeux sur le
faible des plus beaux génies, il m'apprend à

l'apprécier lui-même ce qu'il peut valoir. Il
est le premier que je raye du tableau des
hommes illustres.

287. Nous avons grand tort de penser que
quelque défaut que ce soit puisse exclure
toute vertu, ou de regarder l'alliance du bien
et du mal comme un monstre et comme une
énigme. C'est faute de pénétration que nous
concilions si peu de choses.

288. Les faux philosophes s'efforcent d'attirer l'attention des hommes, en faisant remarquer dans notre esprit des contrariétés
et des difficultés qu'ils forment eux-mêmes;
comme d'autres amusent les enfants par des
tours de cartes qui confondent leur jugement,
quoique naturels et sans magie. Ceux qui
nouent ainsi les choses pour avoir le mérite
de les dénouer, sont des charlatans de morale.

289. Il n'y a point de contradiction dans la
nature.

290. Est-il contre la raison ou la justice de
s'aimer soi-même? Et pourquoi voulons-nous
que l'amour-propre soit toujours un vice?

291. S'il y a un amour de nous-même naturellement officieux et compatissant, et un
autre amour-propre sans humanité, sans
équité, sans bornes, sans raison, faut-il les
confondre?

292. Quand il serait vrai que les hommes
ne seraient vertueux que par raison, que s'en-
suivrait-il? Pourquoi, si on nous loue avec
justice de nos sentiments, ne nous louerait-

on pas encore de notre raison? Est·elle moins
nôtre que la volonté?

293. On suppose que ceux qui servent la
vertu par réflexion la trahiraient pour le vice
utile. Oui, si le vice pouvait être tel aux yeux
d'un esprit raisonnable.

294. Il y a des semences de bonté et de justice dans le cœur de l'homme, si l'intérêt propre y domine. J'ose dire que cela est non-seulement selon la nature, mais aussi selon la
justice, pourvu que personne ne souffre de
cet amour-propre, ou que la société y perde
moins qu'elle n'y gagne.

295. Celui qui recherche la gloire par la
vertu ne demande que ce qu'il mérite.

296. J'ai toujours trouvé ridicule que les
philosophes aient feint une vertu incompatible
avec la nature de l'homme, et qu'après l'avoir
ainsi feinte, ils aient prononcé froidement
qu'il n'y avait aucune vertu. Qu'ils parlent du
fantôme de leur imagination, ils peuvent à
leur gré l'abandonner ou le détruire, puisqu'ils l'ont créé; mais la véritable vertu,
celle qu'ils ne veulent pas nommer de ce
nom, parce qu'elle n'est pas conforme à leurs
définitions, celle qui est l'ouvrage de la nature, non le leur, et qui consiste principalement dans la bonté et la vigueur de l'âme,
celle-ci n'est point dépendante de leur fan-
taisie et subsistera à jamais avec des caractères ineffaçables.

297. Le corps a ses grâces, l'esprit ses talents. Le cœur n'aurait-il que des vices? Et

l'homme, capable de raison, serait-il incapable de vertus?

298. Nous sommes susceptibles d'amitié, de justice, d'humanité, de compassion et de raison. O mes amis! qu'est-ce donc que la vertu?

299. Si l'illustre auteur des *Maximes* eût été tel qu'il a tâché de peindre tous les hommes, mériterait-il nos hommages et le culte idolâtre de ses prosélytes?

300. Ce qui fait que la plupart des livres de morale sont si insipides et que leurs auteurs ne sont pas sincères, c'est que, faibles échos les uns des autres, ils n'oseraient produire leurs propres maximes et leurs secrets sentiments. Ainsi, non-seulement dans la morale, mais quelque sujet que ce puisse être, presque tous les hommes passent leur vie à dire et à écrire ce qu'ils ne pensent point; et ceux qui conservent encore quelque amour de la vérité, excitent contre eux la colère et les préventions du public.

301. Il n'y a guère d'esprits qui soient capables d'embrasser à la fois toutes les faces de chaque sujet; et c'est là, à ce qu'il me semble, la source la plus ordinaire des erreurs des hommes. Pendant que la plus grande partie d'une nation languit dans la pauvreté, l'opprobre et le travail, l'autre qui abonde en honneurs, en commodités, en plaisirs, ne se lasse pas d'admirer le pouvoir de la politique, qui fait fleurir les arts et le commerce et rend les États redoutables.

302. Les plus grands ouvrages de l'esprit

humain sont très-assurément les moins parfaits. Les lois, qui sont la plus belle invention de la raison, n'ont pu assurer le repos des peuples sans diminuer leur liberté.

303. Quelle est quelquefois la faiblesse et l'inconséquence des hommes! Nous nous étonnons de la grossièreté de nos pères, qui règne cependant encore dans le peuple, la plus nombreuse partie de la nation; et nous méprisons en même temps les belles-lettres et la culture de l'esprit, le seul avantage qui nous distingue du peuple et de nos ancêtres.

304. Le plaisir et l'ostentation l'emportent dans le cœur des grands sur l'intérêt. Nos passions se règlent ordinairement sur nos besoins.

305. Le peuple et les grands n'ont ni les mêmes vertus ni les mêmes vices.

306. C'est à notre cœur à régler le rang de nos intérêts et à notre raison de les conduire.

307. La médiocrité d'esprit et la paresse font plus de philosophes que la réflexion.

308. Nul n'est ambitieux par raison ni vicieux par défaut d'esprit.

309. Tous les hommes sont clairvoyants sur leurs intérêts; et il n'arrive guère qu'on les en détache par la ruse. On a admiré dans les négociations la supériorité de la maison d'Autriche, mais pendant l'énorme puissance de cette famille, non après. Les traités les mieux ménagés ne sont que la loi du plus fort.

310. Le commerce est l'école de la tromperie.

311. A voir comme en usent les hommes, on serait porté quelquefois à penser que la vie humaine et les affaires du monde sont un jeu sérieux, où toutes les finesses sont permises pour usurper le bien d'autrui à nos périls et fortunes, et où l'heureux dépouille en tout honneur le plus malheureux ou le moins habile.

312. C'est un grand spectacle de considérer les hommes méditant en secret de s'entre-nuire, et forcés néanmoins de s'entr'aider contre leur inclination et leur dessein.

313. Nous n'avons ni la force ni les occasions d'exécuter tout le bien et tout le mal que nous projetons.

314. Nos actions ne sont ni si bonnes ni si vicieuses que nos volontés.

315. Dès que l'on peut faire du bien, on est à même de faire des dupes. Un seul homme en amuse alors une infinité d'autres, tous uniquement occupés de le tromper. Ainsi il en coûte peu aux gens en place pour surprendre leurs inférieurs; mais il est malaisé à des misérables d'imposer à qui que ce soit. Celui qui a besoin des autres les avertit de se défier de lui; un homme inutile a bien de la peine à leurrer personne.

316. L'indifférence où nous sommes pour la vérité dans la morale vient de ce que nous sommes décidés à suivre nos passions, quoi qu'il en puisse être; et c'est ce qui fait que nous n'hésitons pas lorsqu'il faut agir, malgré l'incertitude de nos opinions. Peu m'importe, disent les hommes, de savoir où est la vérité, sachant où est le plaisir.

317. Les hommes se défient moins de la coutume et de la tradition de leurs ancêtres, que de leur raison.

318. La force ou la faiblesse de notre créance dépend plus de notre courage que de nos lumières. Tous ceux qui se moquent des augures n'ont pas toujours plus d'esprit que ceux qui y croient.

319. Il est aisé de tromper les plus habiles en leur proposant des choses qui passent leur esprit et qui intéressent leur cœur.

320. Il n'y a rien que la crainte et l'espérance ne persuadent aux hommes.

321. Qui s'étonnera des erreurs de l'antiquité, s'il considère qu'encore aujourd'hui, dans le plus philosophe de tous les siècles, bien des gens de beaucoup d'esprit n'oseraient se trouver à une table de treize couverts ?

322. L'intrépidité d'un homme incrédule, mais mourant, ne peut le garantir de quelque trouble, s'il raisonne ainsi : Je me suis trompé mille fois sur mes plus palpables intérêts, et j'ai pu me tromper encore sur la religion. Or, je n'ai plus ni le temps ni la force de l'approfondir, et je meurs.....

323. La foi est la consolation des misérables et la terreur des heureux.

324. La courte durée de la vie ne peut nous dissuader de ses plaisirs ni nous consoler de ses peines.

325. Ceux qui combattent les préjugés du peuple croient n'être pas peuple. Un homme

qui avait fait à Rome un argument contre les poulets sacrés se regardait peut-être comme un philosophe.

326. Lorsqu'on rapporte sans partialité les raisons des sectes opposées, et qu'on ne s'attache à aucune, il semble qu'on s'élève en quelque sorte au-dessus de tous les partis. Demandez cependant à ces philosophes neutres qu'ils choisissent une opinion, ou qu'ils établissent d'eux-mêmes quelque chose; vous verrez qu'ils n'y sont pas moins embarrassés que tous les autres. Le monde est peuplé d'esprits froids, qui, n'étant pas capables par eux-mêmes d'inventer, s'en consolent en rejetant toutes les inventions d'autrui, et qui, méprisant au dehors beaucoup de choses, croient se faire estimer.

327. Qui sont ceux qui prétendent que le monde est devenu vicieux? Je les crois sans peine. L'ambition, la gloire, l'amour, en un mot, toutes les passions des premiers âges ne font plus les mêmes désordres et le même bruit. Ce n'est pas peut-être que ces passions soient aujourd'hui moins vives qu'autrefois; c'est parce qu'on les désavoue et qu'on les combat. Je dis donc que le monde est comme un vieillard qui conserve tous les désirs de la jeunesse, mais qui en est honteux et s'en cache, soit parce qu'il est détrompé du mérite de beaucoup de choses, soit parce qu'il veut le paraître.

328. Les hommes dissimulent par faiblesse et par la crainte d'être méprisés, leurs plus chères, leurs plus constantes, et quelquefois leurs plus vertueuses inclinations.

829. L'art de plaire est l'art de tromper.

330. Nous sommes trop inattentifs ou trop occupés de nous-mêmes pour nous approfondir les uns les autres. Quiconque a vu des masques dans un bal, danser amicalement ensemble, et se tenir par la main sans se connaître, pour se quitter le moment d'après, et ne plus se voir ni se regretter, peut se faire une idée du monde.

DE L'ART ET DU GOUT D'ÉCRIRE.

331. Les premiers écrivains travaillaient sans modèle, et n'empruntaient rien que d'eux-mêmes; ce qui fait qu'ils sont inégaux, et mêlés de mille endroits faibles, avec un génie tout divin. Ceux qui ont réussi après eux ont puisé dans leurs inventions, et par là sont plus soutenus; nul ne trouve tout dans son propre fonds.

332. Qui saura penser de lui-même et former de nobles idées, qu'il prenne, s'il peut, la manière et le tour élevé des maîtres. Toutes les richesses de l'expression appartiennent de droit à ceux qui savent les mettre à leur place.

333. Il ne faut pas craindre non plus de redire une vérité ancienne lorsqu'on peut la rendre plus sensible par un meilleur tour, ou la joindre à une autre vérité qui l'éclaircisse, et former un corps de raison. C'est le propre des inventeurs de saisir le rapport des choses et de savoir les rassembler; et les découvertes

anciennes sont moins à leurs premiers auteurs qu'à ceux qui les rendent utiles.

334. On fait un ridicule à un homme du
monde du talent et du goût d'écrire. Je demande aux gens raisonnables : Que font ceux
qui n'écrivent pas?

335. On ne peut avoir l'âme grande ou l'esprit un peu pénétrant sans quelque passion
pour les lettres. Les arts sont consacrés à
peindre les traits de la belle nature; les sciences à la vérité. Les arts ou les sciences embrassent tout ce qu'il y a, dans les objets de
la pensée, de noble ou d'utile; de sorte qu'il
ne reste à ceux qui les rejettent que ce qui
est indigne d'être peint ou enseigné.

336. Voulez-vous démêler, rassembler vos
idées, les mettre sous un même point de vue
et les réduire en principes, jetez-les d'abord
sur le papier. Quand vous n'auriez rien à y
gagner par cet usage du côté de la réflexion,
ce qui est faux manifestement, que n'acquer-
riez-vous pas du côté de l'expression! Laissez
dire à ceux qui regardent cette étude comme
au-dessous deux. Qui peut croire avoir plus
d'esprit, un génie plus grand et plus noble
que le cardinal de Richelieu? Qui a été chargé
de plus d'affaires et de plus importantes? Cependant nous avons des *Controverses* de ce
grand ministre et un *Testament politique;* on
sait même qu'il n'a pas dédaigné la poésie.
Un esprit si ambitieux ne pouvait mépriser
la gloire la plus empruntée et la plus à nous
qu'on connaisse. Il n'est pas besoin de citer,
après un si grand nom, d'autres exemples; le

duc de La Rochefoucauld, l'homme de son
siècle le plus poli et le plus capable d'intrigues auteur du livre des *Maximes*; le fameux
cardinal de Retz, le cardinal d'Ossat, le che-
valier Guillaume du Temple et une infinité
d'autres qui sont aussi connus par leurs écrits
que par leurs actions immortelles. Si nous ne
sommes pas à même d'exécuter de si grandes
choses que ces hommes illustres, qu'il paraisse du moins par l'expression de nos pensées et par ce qui dépend de nous que nous
n'étions pas incapables de les concevoir.

SUR LA VÉRITÉ ET L'ÉLOQUENCE.

337. Deux études sont importantes : l'éloquence et la vérité; la vérité, pour donner
un fondement solide à l'éloquence et bien
disposer notre vie; l'éloquence, pour diriger
la conduite des autres hommes et défendre la
vérité.

338. La plupart des grandes affaires se traitent par écrit. Il ne suffit donc pas de savoir
parler; tous les intérêts subalternes, les en-
gagements, les plaisirs, les devoirs de la vie
civile, demandent qu'on sache parler; c'est
donc peu de savoir écrire. Nous aurions besoin tous les jours d'unir l'une et l'autre éloquence; mais nulle ne peut s'acquérir, si d'a-
bord on ne sait penser; et on ne sait guère
penser si l'on n'a des principes fixes et puisés
dans la vérité. Tout confirme notre maxime:
l'étude du vrai la première, l'éloquence
après.

339. C'est un mauvais parti pour une femme que d'être coquette. Il est rare que celles de ce caractère allument de grandes passions, et ce n'est pas à cause qu'elles sont légères, comme on croit communément, mais parce que personne ne veut être dupe. La vertu nous fait mépriser la fausseté, et l'amour-propre nous la fait haïr.

PENSÉES DIVERSES.

340. Est-ce force dans les hommes d'avoir des passions, ou insuffisance et faiblesse? Est-ce grandeur d'être exempt de passions, ou médiocrité de génie? Ou tout est-il mêlé de faiblesse et de force, de grandeur et de petitesse?

341. Qui est plus nécessaire au maintien d'une société d'hommes faibles et que leur faiblesse a unis, la douceur ou l'austérité? Il faut employer l'une et l'autre. Que la loi soit sévère et les hommes indulgents.

342. La sévérité dans les lois est humanité pour les peuples. Dans les hommes, elle est la marque d'un génie étroit et cruel; il n'y a que la nécessité qui puisse la rendre innocente.

343. Les faibles veulent quelquefois qu'on les croie méchants; mais les méchants veulent passer pour bons.

344. Le projet de rapprocher les conditions a toujours été un beau songe; la loi ne saurait égaler les hommes malgré la nature.

345. S'il n'y avait de domination légitime que celle qui s'exerce avec justice, nous ne devrions rien aux mauvais rois.

346. Comptez rarement sur l'estime et sur la confiance d'un homme qui entre dans tous vos intérêts, s'il ne vous parle aussitôt des siens.

347. Nous haïssons les dévots qui font profession de mépriser tout ce dont nous nous piquons, et se piquent souvent eux-mêmes de choses encore plus méprisables.

348. Nous nous formons, sans y penser, une idée de notre figure sur l'idée que nous avons de notre esprit ou sur le sentiment qui nous domine; et c'est pour cela qu'un fat se croit toujours si bien fait.

349. C'est par la conviction manifeste de notre incapacité que le hasard dispose si universellement et si absolument de tout. Il n'y a rien de plus rare dans le monde que les grands talents et que le mérite des emplois : la fortune est plus partiale qu'elle n'est injuste.

350. Les hommes sont si sensibles à la flatterie que, lors même qu'ils pensent que c'est flatterie, ils ne laissent pas d'en être les dupes.

351. Nous découvrons en nous-mêmes ce que les autres nous cachent, et nous reconnaissons dans les autres ce que nous nous cachons nous-mêmes; il faut donc allier ces deux études.

352. Le mystère dont on enveloppe ses des-

seins marque quelquefois plus de faiblesse que l'indiscrétion, et souvent nous fait plus de tort.

353. Ceux qui font des métiers infâmes, comme les voleurs, les femmes perdues, s'honorent de leurs crimes et regardent les honnêtes gens comme des dupes. La plupart des hommes, dans le fond du cœur, méprisent la vertu, peu la gloire.

354. La Fontaine était persuadé, comme il le dit, que l'apologue était un art divin. Jamais peut-être de véritablement grands hommes ne se sont amusés à tourner des fables.

355. Une mauvaise préface allonge considérablement un mauvais livre; mais ce qui est bien pensé est bien pensé et ce qui est bien écrit est bien écrit.

356. Ce sont les ouvrages médiocres qu'il faut abréger. Je n'ai jamais vu de préface ennuyeuse à la tête d'un bon livre.

357. Toute hauteur affectée est puérile; si elle se fonde sur des titres supposés, elle est ridicule; et si ces titres sont frivoles, elle est basse : le caractère de la vraie hauteur est d'être toujours à sa place.

358. Nous n'attendons pas d'un malade qu'il ait l'enjouement de la santé et la même force de corps; s'il conserve même sa raison jusqu'à la fin, nous nous en étonnons; et s'il fait paraître quelque fermeté, nous disons qu'il y a de l'affectation dans cette mort, tant cela est rare et difficile. Cependant, s'il arrive qu'un autre homme démente en mourant, ou

la fermeté ou les principes qu'il a professés pendant sa vie; si, dans l'état du monde le plus faible, il donne quelque marque de faiblesse... ô aveugle malice de l'esprit humain! il n'y a pas de contradictions si manifestes que l'envie n'assemble pour nuire.

359. On n'est pas appelé à la conduite des grandes affaires, ni aux sciences, ni aux beaux-arts, ni à la vertu, quand on n'aime pas ces choses pour elles-mêmes, indépendamment de la considération qu'elles attirent. On les cultiverait donc inutilement dans ces dispositions : ni l'esprit ni la vanité ne peuvent donner le génie.

360. Il y a peu de passions constantes; il y en a beaucoup de sincères; cela a toujours été ainsi; mais les hommes se piquent d'être constants ou indifférents, selon la mode, qui excède toujours la nature.

361. Les femmes ne peuvent comprendre qu'il y ait des hommes désintéressés à leur égard.

362. Il n'est pas libre à un homme qui vit dans le monde de n'être pas galant.

363. Quels que soient ordinairement les avantages de la jeunesse, un jeune homme n'est pas bien venu auprès des femmes jusqu'à ce qu'elles en aient fait un fat.

364. Il est plaisant qu'on ait fait une loi de la pudeur aux femmes, qui n'estiment dans les hommes que l'effronterie.

365. Les femmes et les jeunes gens ne séparent pas leur estime de leurs goûts.

366. On ne loue point une femme ni un auteur médiocre comme eux-mêmes se louent.

367. Il est difficile d'estimer quelqu'un
comme il veut l'être.

368. Une femme qui croit se bien mettre ne
soupçonne pas, dit un auteur, que son ajus-
tement deviendra un jour aussi ridicule que
la coiffure de Catherine de Médicis. Toutes les
modes dont nous sommes prévenus vieilli-
ront peut-être avant nous, et même le *bon ton*.

369. Il y a peu de choses que nous sachions
bien.

370. Si on n'écrit point parce qu'on pense, il
est inutile de penser pour écrire.

371. Tout ce qu'on n'a pensé que pour les
autres est ordinairement peu naturel.

372. La clarté est la bonne foi des philosophes.

373. La netteté est le vernis des maîtres.

374. La netteté épargne les longueurs et sert
de preuves aux idées.

375. La marque d'une expression propre est
que, même dans les équivoques, on ne puisse
lui donner qu'un sens.

376. Il semble que la raison, qui se commu-
nique aisément et se perfectionne quelquefois,
devrait perdre d'autant plus vite tout son
lustre et le mérite de la nouveauté; cependant
les ouvrages des grands hommes, copiés avec
tant de soin par d'autres mains, conservent,
malgré le temps, un caractère toujours original : car il n'appartient pas aux autres hom-

mes de concevoir et d'exprimer aussi parfaitement les choses qu'ils savent le mieux.
C'est cette manière de concevoir, si vive et si
parfaite, qui distingue dans tous les genres
le génie et qui fait que les idées les plus simples et les plus connues ne peuvent vieillir.

377. Les grands philosophes sont les génies
de la raison.

378. Pour savoir si une pensée est nouvelle,
il n'y a qu'à l'exprimer bien simplement.

379. Il y a peu de pensées synonymes, mais
beaucoup d'approchantes.

380. Lorsqu'un bon esprit ne voit pas qu'une
pensée puisse être utile, il y a grande apparence qu'elle est fausse.

381. Nous recevons de grandes louanges
avant d'en mériter de raisonnables.

382. Les feux de l'aurore ne sont pas si doux
que les premiers regards de la gloire.

383. Les réputations mal acquises se changent en mépris.

384. L'espérance est le plus utile ou le plus
pernicieux des biens.

385. L'adversité fait beaucoup de coupables
et d'imprudents.

386. La raison est presque impuissante pour
les faibles.

387. Le courage est la lumière de l'adversité.

388. L'erreur est la nuit des esprits et le
piége de l'innocence.

389. Les demi-philosophes ne louent l'erreur que pour faire les honneurs de la vérité.

390. C'est être bien impertinent de vouloir faire croire qu'on n'a pas assez d'erreurs pour être heureux.

391. Celui qui souhaiterait sérieusement des illusions aurait au delà de ses vœux.

392. Les corps politiques ont leurs défauts inévitables, comme les divers âges de la vie humaine. Qui peut garantir la vieillesse des infirmités, hors la mort?

393. La sagesse est le tyran des faibles.

394. Les regards affables ornent le visage des rois.

395. La licence étend toutes les vertus et tous les vices.

396. La paix rend les peuples plus heureux et les hommes plus faibles.

397. Le premier soupir de l'enfance est pour la liberté.

398. La liberté est incompatible avec la faiblesse.

399. L'indolence est le sommeil des esprits.

400. Les passions plus vives sont celles dont l'objet est plus prochain, comme le jeu et l'amour, etc.

401. Lorsque la beauté règne sur les yeux, il est probable qu'elle règne encore ailleurs.

402. Tous les sujets de la beauté ne connaissent pas leur souveraine.

403. Si les faiblesses de l'amour sont par-

donnables, c'est principalement aux femmes qui règnent par lui.

404. La raison rougit des inclinations de la nature, parce qu'elle n'a pas de quoi connaître la perfection de ses plaisirs.

405. Notre intempérance loue les plaisirs.

406. La constance est la chimère de l'amour.

407. C'est une preuve de peu d'esprit et de mauvais goût, lorsqu'on distingue toujours ce qui est estimable de ce qui est aimable : rien n'est si aimable que la vertu pour les cœurs bien faits.

408. Les hommes simples et vertueux mêlent de la délicatesse et de la probité jusque dans leurs plaisirs.

409. Ceux qui ne sont plus en état de plaire aux femmes s'en corrigent.

410. Les premiers jours du printemps ont moins de grâce que la vertu naissante d'un jeune homme.

411. L'utilité de la vertu est si manifeste que les méchants la pratiquent par intérêt.

412. Rien n'est si utile que la réputation, et rien ne donne la réputation si sûrement que le mérite.

413. La gloire est la preuve de la vertu.

414. La trop grande économie fait plus de dupes que la profusion.

415. La profusion avilit ceux qu'elle n'illustre pas.

416. Si un homme obéré et sans enfants se fait quelques rentes viagères, et jouit par

cette conduite des commodités de la vie, nous disons que c'est un fou qui a mangé son bien.

417. Les sots admirent qu'un homme à talents ne soit pas une bête sur ses intérêts.

418. La libéralité et l'amour des lettres ne ruinent personne; mais les esclaves de la fortune trouvent toujours la vertu trop achetée.

419. On fait bon marché d'une médaille lorsqu'on n'est pas curieux d'antiquités; ainsi ceux qui n'ont pas de sentiments pour le mérite ne tiennent presque pas de compte des plus grands talents.

420. Le grand avantage des talents paraît en ce que la fortune sans mérite est presque inutile.

421. On tente d'ordinaire sa fortune par des talents qu'on n'a pas.

422. Il vaut mieux déroger à sa qualité qu'à son génie. Ce serait être fou de conserver un état médiocre au prix d'une grand fortune ou de la gloire.

423. Il n'y a point de vice qui ne soit nuisible, dénué d'esprit.

424. J'ai cherché s'il n'y avait point de moyen de faire sa fortune sans mérite, et je n'en ai trouvé aucun.

425. Moins on veut mériter sa fortune, plus il faut se donner de peine pour la faire.

426. Les beaux esprits ont une place dans la bonne compagnie, mais la dernière.

427. Les sots usent des gens d'esprit comme

les petits hommes portent de grands talons.

428. Il y a des hommes dont il vaut mieux se taire que de les louer selon leur mérite.

429. Il ne faut pas tenter de contenter les envieux.

430. L'avarice ne s'assouvit pas par les richesses, ni l'intempérance par la volupté, ni la paresse par l'oisiveté, ni l'ambition par la fortune ; mais, si la vertu même et si la gloire ne nous rendent heureux, ce que l'on appelle bonheur vaut-il nos regrets?

431. Il y a plus de faiblesse que de raison à être humilié de ce qui nous manque, et c'est la source de toute faiblesse.

432. Le mépris de notre nature est une erreur de notre raison.

433. Un peu de café après le repas fait qu'on s'estime. Il ne faut aussi quelquefois qu'une petite plaisanterie pour abattre une grande présomption.

434. On oblige les jeunes gens à user de leurs biens comme s'il était sûr qu'ils dussent vieillir.

435. A mesure que l'âge multiplie les besoins de la nature, il réserve ceux de l'imagination.

436. Tout le monde empiète sur un malade : prêtres, médecins, domestiques, étrangers, amis; et il n'y a pas jusqu'à sa garde qui ne se croie en droit de le gouverner.

437. Quand on devient vieux il faut se parer.

438. L'avarice annonce le déclin de l'âge et la fuite précipitée des plaisirs.

439. L'avarice est la dernière et la plus absolue de nos passions.

440. Personne ne peut mieux prétendre aux grandes places que ceux qui ont les talents.

441. Les plus grands ministres ont été ceux que la fortune avait placés plus loin du ministère.

442. La science des projets consiste à prévenir les difficultés de l'exécution.

443. La timidité dans l'exécution fait échouer les entreprises téméraires.

444. Le plus grand de tous les projets est celui de prendre un parti.

445. On promet beaucoup pour se dispenser de donner peu.

446. L'intérêt et la paresse anéantissent les promesses quelquefois sincères de la vanité.

447. Il ne faut pas trop craindre d'être dupe.

448. La patience obtient quelquefois des hommes ce qu'ils n'ont jamais en intention d'accorder. L'occasion peut même obliger les plus trompeurs à effectuer de fausses promesses.

449. Les dons intéressés sont importuns.

450. S'il était possible de donner sans perdre, il se trouverait encore des hommes inaccessibles.

451. L'impie endurci dit à Dieu : Pourquoi as-tu fait des misérables?

452. Les avares ne se piquent pas ordinairement de beaucoup de choses.

453. La folie de ceux qui vont à leurs fins est de se croire habiles.

454. La raillerie est l'épreuve de l'amour-propre.

455. La gaieté est la mère des saillies.

456. Les sentences sont les saillies des philosophes.

457. Les hommes pesants sont opiniâtres.

458. Nos idées sont plus imparfaites que la langue.

459. La langue et l'esprit ont leurs bornes. La vérité est inépuisable.

460. La nature a donné aux hommes des talents divers. Les uns naissent pour inventer et les autres pour embellir; mais le doreur attire plus de regards que l'architecte.

461. Un peu de bon sens ferait évanouir beaucoup d'esprit.

462. Le caractère du faux esprit est de ne paraître qu'aux dépens de la raison.

463. On est d'autant moins raisonnable sans justesse qu'on a plus d'esprit.

464. L'esprit a besoin d'être occupé, et c'est une raison de parler beaucoup que de penser peu.

465. Quand on ne sait pas s'entretenir et s'amuser soi-même, on veut entretenir et amuser les autres.

466. Vous trouverez fort peu de paresseux

que l'oisiveté n'incommode ; et si vous entrez dans un café, vous verrez qu'on y joue aux dames.

467. Les paresseux ont toujours envie de faire quelque chose.

468. La raison ne doit pas régler, mais suppléer la vertu.

469. Nous jugeons de la vie d'une manière trop désintéressée quand nous sommes forcés de la quitter.

470. Socrate savait moins que Bayle : il y a peu de sciences utiles.

471. Aidons-nous des mauvais motifs pour nous fortifier dans les bons desseins.

472. Les conseils faciles à pratiquer sont, les plus utiles.

473. Conseiller, c'est donner aux hommes des motifs d'agir qu'ils ignorent.

474. C'est être injuste d'exiger des autres qu'ils fassent pour nous ce qu'ils ne veulent pas faire pour eux-mêmes.

475. Nous nous défions de la conduite des meilleurs esprits, et nous ne nous défions pas de nos conseils.

476. L'âge peut-il donner le droit de gouverner la raison ?

477. Nous croyons avoir droit de rendre un homme heureux à ses dépens, et nous ne voulons pas qu'il l'ait lui-même.

478. Si un homme est souvent malade, et qu'ayant mangé une cerise, il soit enrhumé

le lendemain, on ne manque pas de lui dire, pour le consoler, que c'est sa faute.

479. Il y a plus de sévérité que de justice.

480. La libéralité de l'indigent est nommée prodigalité.

481. Il faudrait qu'on nous pardonnât au moins les fautes qui n'en seraient pas sans nos malheurs.

482. On n'est pas toujours si injuste envers ses ennemis qu'envers ses proches.

483. On peut penser assez de mal d'un homme et être tout à fait de ses amis; car nous ne sommes pas si délicats que nous ne puissions aimer que la perfection, et il y a bien des vices qui nous plaisent, même dans autrui.

484. La haine des faibles n'est pas si dangereuse que leur amitié.

485. En amitié, en mariage, en amour, en tel autre commerce que ce soit, nous voulons gagner; et comme le commerce des amis, des amants, des parents, des frères, etc., est plus étendu que tout autre, il ne faut pas être surpris d'y trouver plus d'ingratitude et d'injustice.

486. La haine n'est pas moins volage que l'amitié.

487. La pitié est moins tendre que l'amour.

488. Les choses que l'on sait le mieux sont celles qu'on n'a pas apprises.

489. Au défaut de choses extraordinaires,

nous aimons qu'on nous propose à croire celles qui en ont l'air.

490. L'esprit développe les simplicités du sentiment pour s'en attribuer l'honneur.

491. On tourne une pensée comme un habit, pour s'en servir plusieurs fois.

492. Nous sommes flattés qu'on nous propose comme un mystère ce que nous avons pensé naturellement.

493. Ce qui fait qu'on goûte médiocrement les philosophes c'est qu'ils ne nous parlent pas assez des choses que nous savons.

494. La paresse et la crainte de se compromettre ont introduit l'honnêteté dans la dispute.

495. Les grandes places dispensent quelquefois des moindres talents.

496. Quelque mérite qu'il puisse y avoir à négliger les grandes places, il y en a peut-être encore plus à les bien remplir.

497. Si les grandes pensées nous trompent, elles nous amusent.

498. Il n'y a point de faiseur de stances qui ne se préfère à Bossuet, simple auteur de prose; et dans l'ordre de la nature, nul ne peut penser aussi peu juste qu'un génie manqué.

499. Un versificateur ne connaît point de juge compétent de ses écrits; si on ne fait pas de vers, on ne s'y connaît pas; si on en fait, on est son rival.

500. Le même croit parler la langue des

dieux lorsqu'il ne parle pas celle des hommes. C'est comme un mauvais comédien qui ne peut déclamer comme l'on parle.

501. Un autre défaut de la mauvaise poésie est d'allonger la prose, comme le caractère de la bonne est de l'abréger.

502. Il n'y a personne qui ne pense d'un ouvrage en prose : Si je me donnais de la peine, je le ferais mieux. Je dirais à beaucoup de gens : Faites une seule réflexion digne d'être écrite.

503. Tout ce que nous prenons dans la morale pour défaut n'est pas tel.

504. Nous remarquons beaucoup de vices pour admettre peu de vertus.

505. L'esprit est borné jusque dans l'erreur, qu'on dit son domaine.

506. L'intérêt d'une seule passion, souvent malheureuse, tient quelquefois toutes les autres en captivité; et la raison porte ses chaînes sans pouvoir les rompre.

507. Il y a des faiblesses, si on l'ose dire, inséparables de notre nature.

508. Si on aime la vie, on craint la mort.

509. La gloire et la stupidité cachent la mort sans triompher d'elle.

510. Le terme du courage est l'intrépidité dans le péril.

511. La noblesse est un monument de la vertu, immortelle comme la gloire.

512. Lorsque nous appelons les réflexions, elles nous fuient; et quand nous voulons les

chasser, elles nous obsèdent, et tiennent malgré nous nos yeux ouverts pendant la nuit.

513. Trop de dissipation et trop d'étude épuisent également l'esprit et le laissent à sec; les traits hardis en tout genre ne s'offrent pas à un esprit tendu et fatigué.

514. Comme il y a des âmes volages que toutes les passions dominent tour à tour, on voit des esprits vifs et sans assiette, que toutes les opinions entraînent successivement, ou qui se partagent entre les contraires, sans oser décider.

515. Les héros de Corneille étaient des maximes fastueuses et paraient magnifiquement d'eux-mêmes; et cette enflure de leurs discours passe pour vertu parmi ceux qui n'ont point de règle dans le cœur pour distinguer la grandeur d'âme de l'ostentation.

516. L'esprit ne fait pas connaître la vertu.

517. Il n'y a point d'homme qui ait assez d'esprit pour n'être jamais ennuyeux.

518. La plus charmante conversation lasse l'oreille d'un homme occupé de quelque passion.

519. Les passions nous séparent quelquefois de la société, et nous rendent tout l'esprit qui est au monde aussi inutile que nous le devenons nous-mêmes aux plaisirs d'autrui.

520. Le monde est rempli de ces hommes qui imposent aux autres par leur réputation ou leur fortune; s'ils se laissent trop appro-

cher, on passe tout à coup à leur égard de la curiosité jusqu'au mépris, comme on guérit quelquefois en un moment d'une femme qu'on a recherchée avec ardeur.

521. On est encore bien éloigné de plaire lorsqu'on n'a que de l'esprit.

522. L'esprit ne nous garantit pas des sottises de notre humeur.

523. Le désespoir est la plus grande de nos erreurs.

524. La nécessité de mourir est la plus amère de nos afflictions.

525. Si la vie n'avait point de fin, qui désespérerait de sa fortune? La mort comble l'adversité.

526. Combien les meilleurs conseils sont-ils peu utiles, si nos propres expériences nous instruisent si rarement!

527. Les conseils qu'on croit les plus sages sont les moins proportionnés à notre état.

528. Nous avons des règles pour le théâtre qui passent peut-être les forces de l'esprit humain.

529. Lorsqu'une pièce est faite pour être jouée, il est injuste de n'en juger que par la lecture.

530. Le but des poëtes tragiques est d'émouvoir. C'est faire trop d'honneur à l'esprit humain de croire que des ouvrages irréguliers ne peuvent produire cet effet. Il n'est pas besoin de tant d'art pour tirer les meilleurs esprits de leur assiette et leur cacher de grands

défauts dans un ouvrage qui peint les passions. Il ne faut pas supposer dans le sentiment une délicatesse que nous n'avons que par réflexion, ni imposer aux auteurs une perfection qu'ils ne puissent atteindre; notre goût se contente à moins. Pourvu qu'il n'y ait pas plus d'irrégularités dans un ouvrage que dans nos propres conceptions, rien n'empêche qu'il ne puisse plaire, s'il est bon d'ailleurs. N'avons-nous pas des tragédies monstrueuses qui entraînent toujours les suffrages, malgré les critiques, et qui sont les délices du peuple, je veux dire de la plus grande partie des hommes? Je sais que le succès de ces ouvrages prouve moins le génie de leurs auteurs que la faiblesse de leurs partisans; c'est aux hommes délicats à choisir de meilleurs modèles, et à s'efforcer, dans tous les genres, d'égaler la belle nature; mais comme elle n'est pas exempte de défauts, toute belle qu'elle paraît, nous avons tort d'exiger des auteurs plus qu'elle ne peut leur fournir. Il s'en faut de beaucoup que notre goût soit toujours aussi difficile à contenter que notre esprit.

531. Il peut plaire à un traducteur d'admirer jusqu'aux défauts de son original, et d'attribuer toutes ses sottises à la barbarie de son siècle. Lorsque je crois toujours apercevoir dans un auteur les mêmes beautés et les mêmes défauts, il me paraît plus raisonnable d'en conclure que c'est un écrivain qui joint de grands défauts à des qualités éminentes; une grande imagination et peu de jugement,

ou beaucoup de force et peu d'art, etc.; et
quoique je n'admire pas beaucoup l'esprit humain, je ne puis cependant le dégrader jusqu'à mettre dans le premier rang un génie si
défectueux, qui choque continuellement le
sens commun.

532. C'est faute de pénétration que nous
concilions si peu de choses.

533. Nous voudrions dépouiller de ses vertus l'espèce humaine, pour nous justifier nous-
mêmes de nos vices et les mettre à la place
des vertus détruites; semblables à ceux qui
se révoltent contre les puissances légitimes,
non pour égaler tous les hommes par la liberté,
mais pour usurper la même autorité qu'ils
calomnient.

534. Un peu de culture et beaucoup de mémoire, avec quelque hardiesse dans les opinions et contre les préjugés, font paraître
l'esprit étendu.

535. Il ne faut pas jeter du ridicule sur les
opinions respectées, car on blesse par là leurs
partisans sans les confondre.

536. La plaisanterie la mieux fondée ne persuade point, tant on est accoutumé qu'elle
s'appuie sur de faux principes.

537. L'incrédulité a ses enthousiastes, ainsi
que la superstition; et comme l'on voit des
dévots qui refusent à Cromwell jusqu'au bon
sens, on trouve d'autres hommes qui traitent
Pascal et Bossuet de petits esprits.

538. Le plus sage et le plus courageux de
tous les hommes, M. de Turenne, a respecté

la religion, et une infinité d'hommes obscurs se placent au rang des génies et des âmes fortes, seulement à cause qu'ils la méprisent.

539. Ainsi nous tirons vanité de nos faiblesses et de nos plus fausses erreurs. La raison fait des philosophes et la gloire fait des héros; la seule vertu fait des sages.

540. Si nous avons écrit quelque chose pour notre instruction ou pour le soulagement de notre cœur, il y a grande apparence que nos réflexions seront encore utiles à beaucoup d'autres; car personne n'est seul dans son espèce; et jamais nous ne sommes ni si vrais, ni si vifs, ni si pathétiques que lorsque nous traitons les choses pour nous-mêmes.

541. Lorsque notre âme est pleine de sentiments, nos discours sont pleins d'intérêt.

542. Le faux présenté avec art nous surprend et nous éblouit; mais le vrai nous persuade et nous maîtrise.

543. On ne peut contrefaire le génie.

544. Il ne faut pas beaucoup de réflexions pour faire cuire un poulet; et cependant nous voyons des hommes qui sont toute leur vie mauvais rôtisseurs. Tant il est nécessaire, dans tous les métiers, d'y être appelé par un instinct particulier et comme indépendant de la raison.

545. Lorsque les réflexions se multiplient, les erreurs et les connaissances augmentent dans la même proportion.

546. Ceux qui viendront après nous sauront peut-être plus que nous, et ils s'en croiront

plus d'esprit; mais seront-ils plus heureux ou plus sages? Nous-mêmes, qui savons beaucoup, sommes-nous meilleurs que nos pères, qui savaient si peu?

547. Nous sommes tellement occupés de nous et de nos semblables, que nous ne faisons pas la moindre attention à tout le reste, quoique sous nos yeux et autour de nous.

548. Qu'il y a peu de choses dont nous jugions bien!

549. Nous n'avons pas assez d'amour-propre pour dédaigner le mépris d'autrui.

550. Personne ne nous blâme si sévèrement que nous nous condamnons souvent nous-mêmes.

551. L'amour n'est pas si délicat que l'amour-propre.

552. Nous prenons ordinairement sur nos bons et nos mauvais succès, et nous nous accusons ou nous louons des caprices de la fortune.

553. Personne ne peut se vanter de n'avoir jamais été méprisé.

554. Il s'en faut bien que toutes nos habiletés ou que toutes nos fautes portent coup; tant il y a peu de choses qui dépendent de notre conduite.

555. Combien de vertus et de vices sont sans conséquence!

556. Nous ne sommes pas contents d'être habiles si on ne sait pas que nous le sommes; et pour ne pas en perdre le mérite, nous en perdons quelquefois le fruit.

557. Les gens vains ne peuvent être habiles, car ils n'ont pas la force de se taire.

558. C'est souvent un grand avantage pour un négociateur s'il peut faire croire qu'il n'entend pas les intérêts de son maître et que la passion le conseille; il évite par là qu'on le pénètre, et réduit ceux qui ont envie de finir à se relâcher de leurs prétentions. Les plus habiles se croient quelquefois obligés de céder à un homme qui résiste lui-même à la raison et qui échappe à toutes leurs prises.

559. Tout le fruit qu'on a pu tirer de mettre quelques hommes dans les grandes places s'est réduit à savoir qu'ils étaient habiles.

560. Il ne faut pas autant d'acquit pour être habile que pour le paraître.

561. Rien n'est plus facile aux hommes en place que de s'approprier le savoir d'autrui.

562. Il est peut-être plus utile, dans les grandes places, de savoir et de vouloir se servir de gens instruits que de l'être soi-même.

563. Celui qui a un grand sens sait beaucoup.

564. Quelque amour qu'on ait pour les grandes affaires, il y a peu de lectures si ennuyeuses et si fatigantes que celles d'un traité entre les princes.

565. L'essence de la paix est d'être éternelle, et cependant nous n'en voyons durer aucune l'âge d'un homme, et à peine y a-t-il quelque règne où elle n'ait été renouvelée plusieurs fois. Mais faut-il s'étonner que ceux qui ont eu besoin de lois pour être justes soient capables de les violer?

566. La politique fait entre les princes ce que les tribunaux de la justice font entre les particuliers. Plusieurs faibles, ligués contre un puissant, lui imposent la nécessité de modérer son ambition et ses violences.

567. Il était plus facile aux Romains et aux Grecs de subjuguer de grandes nations qu'il ne l'est aujourd'hui de conserver une petite province, justement conquise, au milieu de tant de voisins jaloux et de peuples également instruits dans la politique et dans la guerre, et aussi liés par leurs intérêts, par les arts ou par le commerce qu'ils sont séparés par leurs limites.

568. M. de Voltaire ne regarde l'Europe que comme une république formée de différentes souverainetés. Ainsi un esprit étendu diminue en apparence les objets en les confondant dans un tout qui les réduit à leur juste étendue; mais il les agrandit réellement en développant leurs rapports et en ne formant de tant de parties irrégulières qu'un seul et magnifique tableau.

569. C'est une politique utile, mais bornée, de se déterminer toujours par le présent et de préférer le certain à l'incertain, quoique moins flatteur; et ce n'est pas ainsi que les États s'élèvent, ni même les particuliers.

570. Qui sait tout souffrir peut tout oser.

571. Les hommes sont ennemis nés les uns des autres, non à cause qu'ils se haïssent, mais parce qu'ils ne peuvent s'agrandir sans se traverser; de sorte qu'en observant religieusement les bienséances qui sont les lois

de la guerre tacite qu'ils se font, j'ose dire
que c'est presque toujours injustement qu'ils
se taxent de part et d'autre d'injustice.

572. Les particuliers négocient, font des al-
liances, des traités, des ligues, la paix et la
guerre, en un mot tout ce que les rois et les
plus puissants peuvent faire.

573. Dire également du bien de tout le
monde est une petite et une mauvaise politique.

574. La méchanceté tient lieu d'esprit.

575. La fatuité dédommage du défaut de
cœur.

576. Celui qui s'impose à soi-même impose
à d'autres.

577. La nature n'ayant pas égalé tous les
hommes par le mérite, il semble qu'elle n'a
pu ni dû les égaler par la fortune.

578. L'espérance fait plus de dupes que
l'habileté.

579. Le lâche a moins d'affronts à dévorer
que l'ambitieux.

580. On ne manque jamais de raisons, lorsqu'on a fait fortune, pour oublier un bienfaiteur ou un ancien ami, et on rappelle alors
avec dépit tout ce qu'on a si longtemps dissimulé de leur humeur.

581. Quel que soit un bienfait, et quoi qu'il
en coûte. lorsqu'on l'a reçu à ce titre, on est
obligé de s'en revenger. comme on tient un
mauvais marché quand on a donné sa parole.

582. Il n'y a point d'injure qu'on ne pardonne quand on s'est vengé.

583. On oublie un affront qu'on a souffert jusqu'à s'en attirer un autre par son insolence.

584. S'il est vrai que nos joies soient courtes, la plupart de nos afflictions ne sont pas longues.

585. La plus grande force d'esprit nous console moins promptement que sa faiblesse.

586. Il n'y a point de perte que l'on sente si vivement et si peu de temps que celle d'une femme aimée.

587. Peu d'affligés savent feindre tout le temps qu'il faut pour leur honneur.

588. Nos consolations sont une flatterie envers les affligés.

589. Si les hommes ne se flattaient pas les uns les autres, il n'y aurait guère de société.

590. Il ne tient qu'à nous d'admirer la religieuse f⸱ nchise de nos pères, qui nous ont appris à nous égorger pour un démenti; un tel respect de la vérité, parmi les barbares qui ne connaissaient que la loi de la nature, est glorieux pour l'humanité.

591. Nous souffrons peu d'injures par bonté.

592. Nous nous persuadons quelquefois nos propres mensonges pour n'en avoir pas le démenti, et nous nous trompons nous-mêmes pour tromper les autres.

593. La vérité est le soleil des intelligences.

594. Pendant qu'une partie de la nation at-

teint le terme de la politesse et du bon goût, l'autre moitié est barbare à nos yeux, sans qu'un spectacle si singulier puisse nous ôter le mépris de la culture.

595. Tout ce qui flatte le plus notre vanité n'est fondé que sur la culture, que nous méprisons.

596. Nous avons plus de foi à la coutume et à la tradition de nos pères qu'à notre raison.

597. L'expérience que nous avons des bornes de notre raison nous rend dociles aux préjugés.

598. Quand je vois qu'un homme d'esprit, dans le plus éclairé de tous les siècles, n'ose se mettre à table si on est treize, il n'y a plus d'erreur, ni ancienne ni moderne, qui m'étonne.

599. Comme il est naturel de croire beaucoup de choses sans démonstration, il ne l'est pas moins de douter de quelques autres malgré leurs preuves.

600. La conviction de l'esprit n'entraîne pas toujours celle du cœur.

601. Les hommes ne se comprennent pas les uns les autres. Il y a moins de fous qu'on ne croit.

602. Pour peu qu'on se donne carrière sur la religion et sur les misères de l'homme, on ne fait pas difficulté de se placer parmi les esprits supérieurs.

603. Des hommes inquiets et tremblants pour les plus petits intérêts, affectent de braver la mort.

604. Si les moindres périls dans les affaires nous donnent de vaines terreurs, dans qu'elles alarmes la mort ne doit-elle pas nous plonger, lorsqu'il est question pour toujours de tout notre être, et que l'unique intérêt qui nous reste, il n'est plus en notre puissance de le ménager, ni même quelquefois de le connaître!

605. Newton, Pascal, Bossuet, Racine, Fénelon c'est-à-dire les hommes de la terre les plus éclairés dans le plus philosophe de tous les siècles, et dans la force de leur esprit et de leur âge, ont cru Jésus-Christ; et le grand Condé, en mourant, répétait ces nobles paroles : « Oui, nous verrons Dieu comme il est, *sicuti est, facie ad faciem.* »

606. Les maladies suspendent nos vertus et nos vices.

607. La nécessité comble les maux qu'elle ne peut soulager.

608. Le silence et la réflexion épuisent les passions, comme le travail et le jeûne consomment les humeurs.

609. La solitude est à l'esprit ce que la diète est au corps.

610. Les hommes actifs supportent plus impatiemment l'ennui que le travail.

611. Toute peinture vraie nous charme, jusqu'aux louanges d'autrui.

612. Les images embellissent la raison, et le sentiment la persuade.

613. L'éloquence vaut mieux que le savoir.

·614. Ce qui fait que nous préférons très-jus-tement l'esprit au savoir est que celui-ci est mal nommé, et qu'il n'est ordinairement ni si utile ni si étendu que ce que nous connais-sons par expérience ou que nous pouvons ac-quérir par réflexion. Nous regardons aussi l'esprit comme la cause du savoir, et nous estimons plus la cause que son effet; cela est raisonnable. Cependant celui qui n'ignorerait rien aurait tout l'esprit qu'on peut avoir; le plus grand esprit du monde n'étant que science ou capacité d'en acquérir.

615. Il ne faut pas juger d'un homme par ce qu'il ignore, mais par ce qu'il sait. Ce n'est rien d'ignorer beaucoup de choses lorsqu'on est capable de les concevoir et qu'il ne man-que que de les avoir apprises.

616. Les hommes ne s'approuvent pas assez pour s'attribuer les uns aux autres la capa-cité des grands emplois. C'est tout ce qu'ils peuvent, pour ceux qui les occupent avec succès, de les en estimer après leur mort. Mais proposez l'homme du monde qui a le plus d'esprit : Oui, dit-on, s'il avait plus d'expérience, ou s'il était moins pares-seux, ou s'il n'avait pas de l'humeur, ou tout au contrai·e; car il n'y a point de pré-texte qu'on ne prenne pour donner l'exclusion à l'aspirant, jusqu'à dire qu'il est trop hon-nête homme, supposé qu'on ne puisse rien lui reprocher de plus plausible; tant cette maxime est peu vraie : *qu'il est plus aisé de paraître digne des grandes places que de les remplir.*

617. Le plus ou le moins d'esprit est peu de

chose; mais ce peu, quelle différence ne met-il pas entre les hommes ? Qu'est-ce qui fait la beauté ou la laideur, la santé ou l'infirmité ? N'est-ce pas aussi un peu plus ou un peu moins de bile, et quelque différence imperceptible des organes?

618. Ceux qui méprisent l'homme ne sont pas de grands hommes.

619. La philosophie a ses modes comme l'architecture, les habits, la danse, etc. L'homme est maintenant en disgrâce chez les philosophes, et c'est à qui le chargera de plus de vices, mais peut-être est-il sur le point de se relever et de se faire restituer toutes ses vertus.

620. Toutes les fois que la littérature et l'esprit de raisonnement deviendront le partage de toute une nation, il arrivera, comme dans les États populaires, qu'il n'y aura point de puérilités et de sottises qui ne se produisent et ne trouvent des partisans.

621. L'erreur, ajoutée à la vérité, ne l'augmente point, au contraire. Ce n'est pas non plus étendre les limites des arts que d'admettre les mauvais genres; c'est gâter le goût. Il faut détromper les hommes des faux plaisirs pour les faire jouir des véritables; et quand même on supposerait qu'il n'y aurait point de faux plaisirs, toujours serait-il raisonnable de combattre ceux qui sont dépravés et méprisables; car on ne peut nier qu'il y en ait de tels.

622. Nous sommes bien plus appliqués à no-

ter les contradictions, souvent imaginaires, et les autres fautes d'un auteur, qu'à profiter de ses vues, vraies ou fausses.

623. Pour décider qu'un auteur se contredit, il faut qu'il soit impossible de le concilier.

RÉFLEXIONS

SUR DIVERS SUJETS

---

1. — SUR LE PYRRHONISME.

Qui doute a une idée de la certitude, et par
conséquent reconnaît quelque marque de la
vérité. Mais parce que les premiers principes
ne peuvent se démontrer, on s'en défie; on
ne fait pas attention que la démonstration
n'est qu'un raisonnement fondé sur l'évidence. Or, les premiers principes ont l'évidence par eux-mêmes, et sans raisonnement;
de sorte qu'ils portent la marque de la certitude la plus invincible. Les pyrrhoniens ob-
stinés affectent de douter que l'évidence soit
signe de vérité; mais on leur demande : Quel
autre signe en désirez-vous donc? Quel autre
croyez-vous qu'on puisse avoir? Vous en for-
mez-vous quelque idée?

On leur dit aussi : Qui doute pense, et qui
pense est; et tout ce qui est vrai de sa pensée
l'est aussi de la chose qu'elle représente, si
cette chose a l'être ou le reçoit jamais. Voilà
donc déjà des principes irréfutables; or, s'il y
a quelque principe de cette nature, rien n'empêche qu'il y en ait plusieurs. Tous ceux qui

porteront le même caractère auront infailliblement la même vérité; il n'en serait pas
autrement quand notre vie ne serait qu'un
songe; tous les fantômes que notre imagination pourrait nous figurer dans le sommeil,
ou n'auraient pas l'être, ou l'auraient tel qu'il
nous paraît. S'il existe hors de notre imagination une société d'hommes faibles, telle que
nos idées nous la représentent, tout ce qui
est vrai de cette société imaginaire le sera de
la société réelle, et il y aura dans cette société des qualités nuisibles, d'autres estimables ou utiles, etc.; et par conséquent des
vices et des vertus. Oui, nous disent les pyrrhoniens, mais peut-être que cette société
n'est pas; je réponds : Pourquoi ne se-
rait-elle pas, puisque nous sommes? Je suppose qu'il y eût là-dessus quelque incertitude
bien fondée, toujours serions-nous obligés
d'agir comme s'il n'y en avait pas. Que sera-
ce si cette incertitude est sensiblement sup-
posée? Nous ne nous donnons pas à nous-
mêmes nos sensations; donc il y a quelque
chose hors de nous qui nous les donne; si
elles sont fidèles ou trompeuses, si les objets
qu'elles nous peignent sont des illusions ou
des vérités, des réalités ou des apparences, je
n'entreprendrai point de le démontrer. L'esprit de l'homme qui ne connaît qu'imparfai-
tement ne saurait prouver parfaitement; mais
l'imperfection de ses connaissances n'est pas
plus manifeste que leur réalité; et s'il leur
manque quelque chose pour la conviction du
côté du raisonnement, l'instinct le supplée
avec usure. Ce que la réflexion trop faible

n'ose décider, le sentiment nous force de le croire. S'il est quelque pyrrhonien réel et parfait parmi les hommes, c'est dans l'ordre des intelligences un monstre qu'il faut plaindre. Le pyrrhonisme parfait est le délire de la raison, et la production la plus ridicule de l'esprit humain.

2. — SUR LA NATURE ET LA COUTUME.

Les hommes s'entretiennent volontiers de la force de la coutume, des effets de la nature ou de l'opinion; peu en parlent exactement. Les dispositions fondamentales et originelles de chaque être forment ce qu'on appelle sa nature. Une longue habitude peut modifier ces dispositions primitives; et telle est quelquefois sa force, qu'elle en substitue de nouvelles plus constantes, quoique absolument opposées; de sorte qu'elle agit ensuite comme cause première, et fait le fondement d'un nouvel être; d'où est venue cette conclusion très-littérale, qu'elle était une seconde nature; et cette autre pensée plus hardie de Pascal : que ce que nous prenons pour la nature n'est souvent qu'une première coutume; deux maximes très-véritables. Toutefois, avant qu'il y eût une première coutume, notre âme existait et avait ses inclinations qui fondaient sa nature; et ceux qui réduisent tout à l'opinion et à l'habitude ne comprennent pas ce qu'ils disent : toute coutume suppose antérieurement une nature, toute erreur une vérité. Il est vrai qu'il est difficile de distin-

guer les principes de cette première nature
de ceux de l'éducation; ces principes sont en
si grand nombre et si compliqués, que l'esprit se perd à les suivre, et il n'est pas moins
malaisé de démêler ce que l'éducation a épuré
ou gâté dans le naturel. On peut remarquer
seulement que ce qui nous reste de notre première nature est plus véhément et plus fort
que ce qu'on acquiert par étude, par coutume et par réflexion; parce que l'effet de
l'art est d'affaiblir, lors même qu'il polit et
qu'il corrige; de sorte que nos qualités acquises sont en même temps plus parfaites et
plus défectueuses que nos qualités naturelles;
et cette faiblesse de l'art ne procède pas seulement de la résistance trop forte que fait la
nature, mais aussi de la propre imperfection
de ses principes, ou insuffisants ou mêlés
d'erreur. Sur quoi cependant je remarque que,
à l'égard des lettres, l'art est supérieur au
génie de beaucoup d'artistes qui, ne pouvant
atteindre la hauteur des regles et les mettre
toutes en œuvre, ni rester dans leur caractère, qu'ils trouvent trop bas, ni arriver au
beau naturel, demeurent dans un milieu insupportable, qui est l'enflure et l'affectation,
et ne suivent ni l'art ni la nature. La longue
habitude leur rend propre ce caractère forcé;
et à mesure qu'ils s'éloignent davantage de
leur naturel, ils croient élever la nature: don
incomparable, qui n'appartient qu'à ceux que
la nature même inspire avec le plus de force.
Mais telle est l'erreur qui les flatte; et mal-
heureusement rien n'est plus ordinaire que de
voir les hommes se former par étude et par

coutume un instinct particulier, et s'éloigner ainsi, autant qu'ils peuvent, des lois générales et originelles de leur être; comme si la nature n'avait pas mis entre eux assez de différences sans y en ajouter par l'opinion. De là vient que leurs jugements se rencontrent si rarement. Les uns disent : « Cela est dans la nature ou hors de la nature, » et les autres tout au contraire. Il y en a qui rejettent, en fait de style, les transitions soudaines des Orientaux et les sublimes hardiesses de Bossuet; l'enthousiasme même de la poésie ne les émeut pas, ni sa force et son harmonie, qui charment avec tant de puissance ceux qui ont de l'oreille et du goût. Ils regardent ces dons de la nature, si peu ordinaires, comme des inventions forcées et des jeux d'imagination, tandis que d'autres admirent l'emphase comme le caractère et le modèle d'un beau naturel. Parmi ces variétés inexplicables de la nature ou de l'opinion, je crois que la coutume dominante peut servir de guide à ceux qui se mêlent d'écrire, parce qu'elle vient de la nature dominante des esprits, ou qu'elle la plie à ses règles, et forme le goût et les mœurs; de sorte qu'il est dangereux de s'en écarter, lors même qu'elle nous paraît manifestement vicieuse. Il n'appartient qu'aux hommes extraordinaires de ramener les autres au vrai et de les assujettir à leur génie particulier; mais ceux qui concluraient de là que tout est opinion, et qu'il n'y a ni nature ni coutume plus parfaite l'une que l'autre par son propre fonds, seraient les plus inconséquents de tous les hommes.

3. — NULLE JOUISSANCE SANS ACTION.

Ceux qui considèrent sans beaucoup de réflexion les agitations et les misères de la vie humaine en accusent notre activité trop empressée, et ne cessent de rappeler les hommes au repos et à jouir d'eux-mêmes. Ils ignorent que la jouissance est le fruit et la récompense du travail; qu'elle est elle-même une action; qu'on ne saurait jouir qu'autant que l'on agit, et que notre âme enfin ne se possède véritablement que lorsqu'elle s'exerce tout entière. Ces faux philosophes s'empressent à détourner l'homme de sa fin et à justifier l'oisiveté; mais la nature vient à notre secours dans ce danger. L'oisiveté nous lasse plus promptement que le travail, et nous rend à l'action, détrompés du néant de ses promesses; c'est ce qui n'est pas échappé aux modérateurs de systèmes, qui se piquent de balancer les opinions des philosophes et de prendre un juste milieu. Ceux-ci nous permettent d'agir, sous condition néanmoins de régler notre activité et de déterminer selon leurs vues la mesure et le choix de nos occupations; en quoi ils sont peut-être plus inconséquents que les premiers, car ils veulent nous faire trouver notre bonheur dans la sujétion de notre esprit; effet purement surnaturel et qui n'appartient qu'à la religion, non à la raison. Mais il est des erreurs que la prudence ne veut pas qu'on approfondisse.

4. — DE LA CERTITUDE DES PRINCIPES.

Nous nous étonnons de la bizarrerie de certaines modes et de la barbarie des duels; nous triomphons encore sur le ridicule de quelques coutumes, et nous en faisons voir la force. Nous nous épuisons sur ces choses comme sur des abus uniques, et nous sommes environnés de préjugés sur lesquels nous nous reposons avec une entière assurance. Ceux qui portent plus loin leurs vues remarquent cet aveuglement, et, entrant là-dessus en défiance des plus grands principes, concluent que tout est opinion; mais ils montrent à leur tour par là les limites de leur esprit. L'être et la vérité n'étant, de leur aveu, qu'une même chose sous deux expressions, il faut tout réduire au néant ou admettre des vérités indépendantes de nos conjectures et de nos frivoles discours. Or, s'il y a des vérités réelles, comme il paraît hors de doute, il s'ensuit qu'il y a des principes qui ne peuvent être arbitraires : la difficulté, je l'avoue, est à les connaître; mais pourquoi la même raison qui nous fait discerner le faux ne pourrait-elle nous conduire jusqu'au vrai? L'ombre est-elle plus sensible que le corps, l'apparence que la réalité? Que connaissons-nous d'obscur par sa nature, sinon l'erreur? Que connaissons-nous d'évident, sinon la vérité? N'est-ce pas l'évidence de la vérité qui nous fait discerner le faux, comme le jour marque les ombres? Et qu'est-ce, en un mot, que la connaissance d'une erreur, sinon la découverte d'une vérité? Toute privation suppose nécessairement une réalité; ainsi la certitude est démontrée par le doute, la science par l'ignorance et la vérité par l'erreur.

5. — DÉFAUT DE LA PLUPART DES CHOSES.

Le défaut de la plupart des choses dans la poésie, la peinture, l'éloquence, le raisonnement, etc., c'est de n'être pas à leur place. De là le mauvais enthousiasme ou l'emphase dans le discours, les dissonances dans la musique, la confusion dans les tableaux, la fausse politesse dans le monde, ou la froide plaisanterie. Qu'on examine la morale même, la profusion n'est-elle pas aussi le plus souvent une générosité hors de sa place; la vanité, une hauteur hors de sa place; l'avarice, une prévoyance hors de sa place; la témérité, une valeur hors de sa place, etc.? La plupart des choses ne sont fortes ou faibles, vicieuses ou vertueuses, dans la nature ou hors de la nature, que par cet endroit; on ne laisserait rien à la plupart des hommes si l'on retranchait de leur vie tout ce qui n'est pas à sa place, et ce n'est pas en tous défaut de jugement, mais impuissance d'assortir les choses.

6. — DE L'AME.

Il sert peu d'avoir de l'esprit lorsque l'on n'a point d'âme. C'est l'âme qui forme l'esprit

et qui lui donne l'essor; c'est elle qui domine
dans les sociétés, qui fait les orateurs, les né-
gociateurs, les ministres, les grands hommes,
les conquérants. Voyez comme on vit dans le
monde. Qui prime chez les jeunes gens, chez
les femmes, chez les vieillards, chez les hommes de tous les états, dans les cabales et
dans les partis? Qui nous gouverne nous-
mêmes, est-ce l'esprit ou le cœur? Faute de
faire cette réflexion, nous nous étonnons de
l'élévation de quelques hommes ou de l'obscurité de quelques autres, et nous attribuons
à la fatalité, ce dont nous trouverions plus
aisément la cause dans leur caractère; mais
nous ne pensons qu'à l'esprit, et point aux
qualités de l'âme. Cependant c'est d'elle avant
tout que dépend notre destinée; on nous vante
en vain les lumières d'une belle imagination:
je ne puis ni estimer, ni aimer, ni haïr, ni
craindre ceux qui n'ont que de l'esprit.

7. — DES ROMANS.

Le faux en lui-même nous blesse et n'a pas
de quoi nous toucher. Que croyez-vous qu'on
cherche si avidement dans les fictions?
L'image d'une vérité vivante et passionnée.

Nous voulons de la vraisemblance dans les
fables mêmes, et toute fiction qui ne peint pas
la nature est insipide.

Il est vrai que l'esprit de la plupart des
hommes a si peu d'assiette, qu'il se laisse
entraîner aux merveilleux, surpris par l'apparence du grand. Mais le faux, que le grand

leur cache dans le merveilleux, les dégoûte
au moment qu'il se laisse sentir; on ne relit
point un roman.

J'excepte les gens d'une imagination frivole
et déréglée, qui trouvent dans ces sortes de
lectures l'histoire de leurs pensées et de leurs
chimères. Ceux-ci, s'ils s'attachent à écrire
dans ce genre, travaillent avec une facilité
que rien n'égale; car ils portent la matière de
l'ouvrage dans leur fonds; mais de semblables puérilités n'ont pas leur place dans un esprit sain; il ne peut les écrire, ni les lire.

Lors donc que les premiers s'attachent aux
fantômes qu'on leur reproche, c'est parce
qu'ils y trouvent une image des illusions de
leur esprit, et par conséquent quelque chose
qui tient à la vérité, à leur égard; et les autres qui les rejettent, c'est parce qu'ils n'y
reconnaissent pas le caractère de leurs sentiments; tant il est manifeste de tous les
côtés que le faux connu nous dégoûte, et que
nous ne cherchons tous ensemble que la vérité et la nature.

8. — CONTRE LA MÉDIOCRITÉ.

Si l'on pouvait dans la médiocrité n'être ni
glorieux, ni timide, ni envieux, ni flatteur,
ni préoccupé des besoins et des soins de son
état, lorsque le dédain et les manières de tout
ce qui nous environne concourent à nous
abaisser; si l'on savait alors s'élever, se sentir, résister à la multitude!... Mais qui peut
soutenir son esprit et son cœur au-dessus de

sa condition? qui peut se sauver des faiblesses que la médiocrité traîne avec soi?

Dans les conditions éminentes, la fortune
au moins nous dispense de fléchir devant ses
idoles. Elle nous dispense de nous déguiser,
de quitter notre caractère, de nous absorber
dans les riens : elle nous élève sans peine au-
dessus de la vanité, et nous met au niveau
du grand ; et si nous sommes nés avec quelques vertus, les moyens et les occasions de
les employer sont en nous.

Enfin, de même qu'on ne peut jouir d'une
grande fortune avec une âme basse et un petit génie, on ne saurait jouir d'un grand génie, ni d'une grande âme, dans une fortune
médiocre.

9. — SUR LA NOBLESSE.

La noblesse est un héritage, comme l'or et
les diamants. Ceux qui regrettent que la considération des grands emplois et des services
passe au sang des hommes illustres, accordent davantage aux hommes riches, puisqu'ils
ne contestent pas à leurs neveux la possession de leur fortune bien ou mal acquise. Mais
le peuple en juge autrement ; car, au lieu que
la fortune des gens riches se détruit par la dissipation de leurs enfants, la considération de
la noblesse se conserve après que la mollesse
en a souillé la source. Sage institution, qui
pendant que le prix de l'intérêt se consume
et s'appauvrit, rend la récompense de la vertu
éternelle et ineffaçable !

Qu'on ne nous dise donc plus que la mémoire d'un mérite doit céder à des vertus vivantes. Qui mettra le prix au mérite? C'est sans doute à cause de cette difficulté, que les grands, qui ont de la hauteur, ne se fondent que sur leur naissance, quelque opinion qu'ils aient de leur génie; tout cela est très-raisonnable, si l'on excepte de la loi commune, de certains talents qui sont trop au-dessus des règles.

10. — SUR LA FORTUNE.

Ni le bonheur, ni le mérite seul ne font l'élévation des hommes. La fortune suit l'occasion qu'ils ont d'employer leurs talents. Mais il n'y a peut-être point d'exemple d'un homme à qui le mérite n'ait servi pour sa fortune ou contre l'adversité; cependant la chose à laquelle un homme ambitieux pense le moins, c'est à mériter sa fortune. Un enfant veut être évêque, veut être roi, conquérant, et à peine il connaît l'étendue de ces noms. Voilà la plupart des hommes; ils accusent continuellement la fortune de caprice, et ils sont si faibles qu'ils lui abandonnent la conduite de leurs prétentions, et qu'ils se reposent sur elle du succès de leur ambition.

11. — CONTRE LA VANITÉ.

La chose du monde la plus ridicule et la plus inutile, c'est de vouloir prouver qu'on est aimable, ou que l'on a de l'esprit. Les hommes sont fort pénétrants sur les petites adresses qu'on emploie pour se louer ; et soit qu'on leur demande leur suffrage avec hauteur, soit qu'on tâche de les surprendre, ils se croient ordinairement en droit de refuser ce qu'il semble qu'on ait besoin de tenir d'eux. Heureux ceux qui sont nés modestes, et que la nature a remplis d'une noble et sage confiance ! Rien ne présente les hommes si petits à l'imagination, rien ne les fait paraître si faibles, que la vanité. Il semble qu'elle soit le sceau de la médiocrité ; ce qui n'empêche pas qu'on n'ait vu d'assez grands génies accusés de cette faiblesse, le cardinal de Retz, Montaigne, Cicéron, etc. Aussi leur a-t-on disputé le titre de grands hommes, et non sans beaucoup de raison.

12. — NE POINT SORTIR DE SON CARACTÈRE.

Lorsqu'on veut se mettre à la portée des autres hommes, il faut prendre garde d'abord à ne pas sortir de la sienne ; car, c'est un ridicule insupportable, et qu'ils ne nous pardonnent point ; c'est aussi une vanité mal entendue de croire que l'on peut jouer toute sorte de personnages, et d'être toujours travesti. Tout homme qui n'est pas dans son véritable caractère n'est pas dans sa force : il inspire la défiance, et blesse par l'affectation de cette supériorité. Si vous le pouvez, soyez simple, naturel, modeste, uniforme ; ne parlez jamais aux hommes que de choses qui les

intéressent, et qu'ils puissent aisément entendre. Ne les primez point avec faste. Ayez
de l'indulgence pour tous leurs défauts, de
la pénétration pour leurs talents, des égards
pour leurs délicatesses et leurs préjugés, etc.
Voilà peut-être comme un homme supérieur
se monte naturellement et sans effort à la portée de chacun. Ce n'est pas la marque d'une
grande habileté d'employer beaucoup de finesse, c'est l'imperfection de la nature qui
est l'origine de l'art.

13. — DU POUVOIR DE L'ACTIVITÉ.

Qui considérera d'où sont partis la plupart
des ministres verra ce que peuvent le génie,
l'ambition et l'activité. Il faut laisser parler
le monde, et souffrir qu'il donne au hasard
l'honneur de toutes les fortunes, pour auto-
riser sa mollesse. La nature a marqué à tous
les hommes, dans leur caractère, la route naturelle de leur vie, et personne n'est ni tranquille, ni sage, ni bon, ni heureux, qu'autant
qu'il connaît son instinct et le suit bien fidèle-
ment. Que ceux qui sont nés pour l'action
suivent donc hardiment le leur; l'essentiel
est de faire bien; s'il arrive qu'après cela le
mérite soit méconnu et le bonheur seul ho-
noré, il faut pardonner à l'erreur. Les hommes ne sentent les choses qu'au degré de leur
esprit, et ne peuvent aller plus loin. Ceux qui
sont nés médiocres n'ont point de mesure
pour les qualités supérieures; la réputation
leur impose plus que le génie, la gloire plus

que la vertu ; au moins ont-ils besoin que le nom des choses les avertisse et réveille leur attention.

4. — SUR LA DISPUTE.

Où vous ne voyez pas le fond des choses, ne parlez jamais qu'en doutant et en proposant vos idées. C'est le propre d'un raisonneur de prendre feu sur les affaires politiques, ou sur tel autre sujet dont on ne sait pas les principes ; c'est son triomphe, parce qu'il n'y peut être confondu.

Il y a des hommes avec qui j'ai fait vœu de n'avoir jamais de dispute : ceux qui ne parlent que pour parler ou pour décider, les sophistes, les ignorants, les dévots et les politiques. Cependant tout peut être utile, il ne faut que se posséder.

15. — SUJÉTION DE L'ESPRIT DE L'HOMME.

Quand on est au cours des grandes affaires, rarement tombe-t-on à de certaines petitesses : les grandes occupations élèvent et soutiennent l'âme ; ce n'est donc pas merveille qu'on y fasse bien. Au contraire, un particulier qui a l'esprit naturellement grand, se trouve resserré et à l'étroit dans une fortune privée ; et comme il n'y est pas à sa place, tout le blesse et lui fait violence. Parce qu'il n'est pas né pour les petites choses, il les traite moins bien qu'un autre, ou elles le fatiguent davantage, et il ne lui est pas possible, dit Montaigne, de ne leur donner que l'attention qu'elles méritent, ou de s'en retirer à sa volonté; s'il fait tant que de s'y livrer, elles l'occupent tout entier et l'engagent à des petitesses dont il est lui-même surpris. Telle est la faiblesse de l'esprit humain, qui se manifeste encore par mille autres endroits, et qui fait dire à Pascal (1) : « Il ne faut pas le bruit d'un canon pour interrompre les pensées du plus grand homme du monde. Il ne faut que le bruit d'une girouette ou d'une poulie. Ne vous étonnez pas, continue-t-il, s'il ne raisonne pas bien à présent, une mouche bourdonne à ses oreilles; si vous voulez qu'il trouve la vérité, chassez cet animal qui tient sa raison en échec, et trouble cette puissante intelligence qui gouverne les villes et les royaumes.» Rien n'est plus vrai, sans doute, que cette pensée; mais il est vrai aussi, de l'aveu de Pascal, que cette même intelligence, qui est si faible, gouverne les villes et les royaumes : aussi le même auteur remarque que plus on approfondit l'homme, plus on y démêle de faiblesse et de grandeur; et c'est lui qui dit encore dans un autre endroit, après Montaigne : « Cette duplicité de l'homme est si visible, qu'il y en a qui ont cru que nous avions deux âmes, un sujet simple paraissant incapable de telles et si soudaines variétés, d'une présomption démesurée à un horrible abattement de cœur. » Rassurons-nous donc sur la foi de ces grands témoignages, et ne nous laissons pas abattre

(1) Pensées de Pascal sur la faiblesse de l'homme.

au sentiment de nos faiblesses, jusqu'à perdre le soin irréprochable de la gloire et l'ardeur de la vertu.

16. — ON NE PEUT ÊTRE DUPE DE LA VERTU.

Que ceux qui sont nés pour l'oisiveté et la mollesse y meurent et s'y ensevelissent, je ne prétends pas les troubler; mais je parle au reste des hommes, et je dis : on ne peut être dupe de la vraie vertu; ceux qui l'aiment sincèrement y goûtent un secret plaisir, et souffrent à s'en détourner : quoi qu'on fasse aussi pour la gloire, jamais ce travail n'est perdu, s'il tend à nous en rendre dignes. C'est une chose étrange que tant d'hommes se défient de la vertu et de la gloire, comme d'une route hasardeuse, et qu'ils regardent l'oisiveté comme un parti sûr et solide. Quand même le travail et le mérite pourraient nuire à notre fortune, il y aurait toujours à gagner à les embrasser. Que sera-ce s'ils y concourent? Si tout finissait par la mort, ce serait une extravagance de ne pas donner toute notre application à bien disposer notre vie, puisque nous n'aurions que le présent; mais nous croyons un avenir, et l'abandonnons au hasard; cela est bien plus inconcevable Je laisse tous devoir à part, la morale et la religion, et je demande . l'ignorance vaut-elle mieux que la science, la paresse que l'activité, l'incapacité que les talents? Pour peu que l'on ait de raison, on ne met point ces choses en parallèle. Quelle honte donc de choisir ce qu'il y a de l'extravagance

à égaler ? S'il faut des exemples pour nous décider, d'un côté Coligny, Turenne, Bossuet,
Richelieu, Fénelon, etc.; de l'autre, les gens à
la mode, les gens du bel air, ceux qui passent toute leur vie dans la dissipation et les
plaisirs. Comparons ces deux genres d'hommes, et voyons ensuite auquel d'eux nous ai-
merions mieux ressembler.

17. — SUR LA FAMILIARITÉ.

Il n'est point de meilleure école ni plus nécessaire que la familiarité. Un homme qui
s'est retranché toute sa vie dans un caractère
réservé, fait les fautes les plus grossières
lorsque les occasions l'obligent d'en sortir et
que les affaires l'engagent. Ce n'est que par
la familiarité que l'on guérit de la présomption, de la timidité, de la sotte hauteur; ce
n'est que dans un commerce libre et ingénu
qu'on peut bien connaître les hommes; qu'on
se tâte, qu'on se démêle, et qu'on se mesure
avec eux : là on voit l'humanité nue avec
toutes ses faiblesses et toutes ses forces; là
se découvrent les artifices dont on s'enveloppe
pour imposer en public; là paraît la stérilité
de notre esprit, la violence et la petitesse de
notre amour-propre, l'imposture de nos vertus.

Ceux qui n'ont pas le courage de chercher
la vérité dans ces rudes épreuves, sont profondément au-dessous de tout ce qu'il y a de
grand; surtout c'est une chose basse que de
craindre la raillerie, qui nous aide à fouler

aux pieds notre amour-propre, et qui émousse, par l'habitude de souffrir, ses honteuses délicatesses.

18. — NÉCESSITÉ DE FAIRE DES FAUTES.

Il ne faut pas être timide de peur de faire des fautes; la plus grande faute de toutes est de se priver de l'expérience. Soyons très-persuadés qu'il n'y a que les gens faibles qui aient cette crainte excessive de tomber et de laisser voir leurs défauts; ils évitent les occasions où ils pourraient broncher et être humiliés; ils rasent timidement la terre, n'osent rien donner au hasard, et meurent avec leurs faiblesses qu'ils n'ont pu cacher. Qui voudra se former au grand, doit risquer de faire des fautes, et ne pas s'y laisser abattre, ni craindre de se découvrir; ceux qui pénétreront ses faibles, tâcheront de s'en prévaloir; mais ils le pourront rarement. Le cardinal de Retz disait à ses principaux domestiques : « Vous êtes deux ou trois à qui je n'ai pu me dérober; mais j'ai si bien établi ma réputation, et par vous-mêmes, qu'il vous serait impossible de me nuire quand vous le voudriez. » Il ne mentait pas : son historien rapporte qu'il s'était battu avec un de ses écuyers, qui l'avait accablé de coups, sans qu'une aventure humiliante pour un homme de ce caractère et de ce rang, ait pu lui abattre le cœur ou faire aucun tort à sa gloire; mais cela n'est pas surprenant, combien d'hommes déshonorés soutiennent par leur seule audace la conviction

publique de leur infamie, et font face à toute
la terre ? Si l'effronterie peut autant, que ne
fera pas la constance? Le courage surmonte
tout.

19. — SUR LA LIBÉRALITÉ.

Un homme très-jeune peut se reprocher
comme une vanité onéreuse et inutile la secrète complaisance qu'il y a à donner. J'ai eu
cette crainte moi-même avant de connaître le
monde ; quand j'ai vu l'étroite indigence où
vivent la plupart des hommes, et l'énorme
pouvoir de l'intérêt sur tous les cœurs, j'ai
changé d'avis, et j'ai dit : Voulez-vous que
tout ce qui vous environne vous montre un
visage content, vos enfants, vos domestiques,
votre femme, vos amis, et vos ennemis? soyez
libéral ; voulez-vous conserver impunément
beaucoup de vices, avez-vous besoin qu'on
vous pardonne des mœurs singulières ou des
ridicules ; voulez-vous rendre vos plaisirs faciles, et faire que les hommes vous abandonnent leur conscience, leur honneur, leur préjugés, ceux même dont ils font plus de bruit ?
tout cela dépendra de vous; quelque affaire
que vous ayez, et quels que puissent être les
hommes avec qui vous voulez traiter, vous ne
trouverez rien de difficile si vous savez donner à propos. L'économe qui a des vues courtes n'est pas seulement en garde contre ceux
qui peuvent le tromper, il appréhende aussi
d'être dupe de lui-même; s'il achète quelque
plaisir qu'il lui eût été impossible de se pro-

curer autrement, il s'en accuse aussitôt comme
d'une faiblesse; lorsqu'il voit un homme qui
se plaît à faire louer sa générosité et à sur-
payer les services, il le plaint de cette illusion : Croyez-vous de bonne foi, lui dit-il,
qu'on vous en ait plus d'obligation? Un misérable se présente à lui, qu'il pourrait soulager et combler de joie à peu de frais; il en a
d'abord compassion, et puis il se reprend et
pense : C'est un homme que je ne verrai plus.
Un autre malheureux s'offre encore à lui, et
il fait le même raisonnement. Ainsi toute sa
vie se passe sans qu'il trouve l'occasion d'o-
bliger personne, de se faire aimer, d'acquérir
une considération utile et légitime : il est défiant et inquiet, sévère à lui-même et aux
siens, père et maître dur et fâcheux; les détails frivoles de son domestique le brouillent
comme les affaires les plus importantes, parce
qu'il les traite avec la même exactitude : il
ne pense pas que ses soins puissent être mieux
employés, incapable de concevoir le prix du
temps, la réalité du mérite et l'utilité des
plaisirs.

Il faut avouer ce qui est vrai : il est difficile, surtout aux ambitieux, de conduire une
fortune médiocre avec sagesse, et de satisfaire en même temps des inclinations libé-
rales, des besoins présents, etc., mais ceux
qui ont l'esprit véritablement élevé se déter-
minent selon l'occurrence, par des sentiments
où la prudence ordinaire ne saurait l'atteindre : je vais m'expliquer. Un homme né vain
et paresseux, qui vit sans dessein et sans
principes, cède indifféremment à toutes ses

fantaisies, achète un cheval trois cents pis-
toles, qu'il laisse pour cinquante quelques
mois après; donne dix louis à un joueur de
gobelets qui lui a montré quelques tours, et
se fait appeler en justice par un domestique
qu'il a renvoyé injustement, et auquel il refuse de payer des avances faites à son service.

Quiconque a naturellement beaucoup de
fantaisies a peu de jugement, et l'âme pro-
bablement faible. Je méprise autant que personne des hommes de ce caractère; mais je
dis hardiment aux autres : Apprenons à su-
bordonner les petits intérêts aux grands,
même éloignés, et faisons généreusement et
sans compter, tout le bien qui tente nos
cœurs : on ne peut être dupe d'aucune vertu.

20. — MAXIME DE PASCAL, EXPLIQUÉE,

Le peuple et les habiles composent, pour l'ordi-
naire, le train du monde : les autres le méprisent,
et en sont méprisés, maxime admirable, mais
qu'il faut bien entendre. Qui croirait que
Pascal a voulu dire que les habiles doivent
vivre dans l'inapplication et la mollesse, etc.,
condamnerait toute la vie de Pascal par sa
propre maxime; car personne n'a moins vécu
comme le peuple que Pascal à ces égards :
donc le vrai sens de Pascal, c'est que tout
homme qui cherche à se distinguer par des
apparences singulières, qui ne rejette pas les
maximes vulgaires, parce qu'elles sont mauvaises, mais parce qu'elles sont vulgaires;

qui s'attache à des sciences stériles, purement curieuses et de nul usage dans le monde; qui est pourtant gonflé de cette fausse science, et ne peut arriver à la véritable; un tel homme, comme il dit plus haut, trouble le monde, et juge plus mal que les autres. En deux mots, voici sa pensée, expliquée d'une autre manière : Ceux qui n'ont qu'un esprit médiocre ne pénètrent pas jusqu'au bien ou jusqu'à la nécessité qui autorise certains usages, et s'érigent mal à propos en réformateurs de leur siècle : les habiles mettent à profit la coutume bonne ou mauvaise, abandonnent leur extérieur aux légèretés de la mode, et savent se proportionner au besoin de tous les esprits.

21. — L'ESPRIT NATUREL ET LE SIMPLE.

L'esprit naturel et le simple peuvent en mille manières se confondre, et ne sont pas néanmoins toujours semblables. On appelle esprit naturel, un instinct qui prévient la réflexion, et se caractérise par la promptitude et par la vérité du sentiment. Cette aimable disposition prouve moins ordinairement une grande sagacité qu'une âme naturellement vive et sincère, qui ne peut retenir ni farder sa pensée, et la produit toujours avec la grâce d'un secret échappé à la franchise. La simplicité est aussi un don de l'âme qu'on reçoit immédiatement de la nature et qui en porte le caractère : elle ne suppose pas nécessairement l'esprit supérieur, mais il est ordinaire qu'elle

l'accompagne; elle exclut toute sorte de va-
nités et d'affectations, témoigne un esprit
juste, un cœur noble, un sens droit, un naturel riche et modeste, qui peut tout puiser
dans son fonds et ne veut se parer de rien. Ces
deux caractères comparés ensemble, je crois
sentir que la simplicité est la perfection de
l'esprit naturel, et je ne suis plus étonné de
la rencontrer si souvent dans les grands hommes; les autres ont trop peu de fonds et trop
de vanité pour s'arrêter dans leur propre
sphère, qu'ils sentent si petite et si bornée.

22. — DU BONHEUR.

Quand on pense que le bonheur dépend
beaucoup du caractère, on a raison; si on
ajoute que la fortune y est indifférente, c'est
aller trop loin : il est faux encore que la raison n'y puisse rien, ou qu'elle y puisse tout.

On sait que le bonheur dépend aussi des
rapports de notre condition avec nos passions:
on n'est pas nécessairement heureux par l'ac-
cord de ces deux parties; mais on est toujours malheureux par leur opposition et par
leur contraste : de même la prospérité ne
nous satisfait pas infailliblement; mais l'adversité nous apporte un mécontentement iné-
vitable.

Parce que notre condition naturelle est misérable, il ne s'ensuit pas qu'elle le soit également pour tous; qu'il n'y ait pas dans la
même vie des temps plus ou moins agréables,
des degrés de bonheur et d'affliction; donc

les circonstances différentes décident beaucoup; on a tort de condamner les malheureux, comme incapables, par leur caractère, de bonheur.

23. — CONSEILS A UN JEUNE HOMME.

§ I. Que je serais fâché, mon cher ami, si vous adopté des maximes qui puissent vous nuire! Je vois avec regret que vous abandonnez par complaisance tout ce que la nature a mis en vous. Vous avez honte de votre raison, qui devrait faire honte à ceux qui en manquent. Vous vous défiez de la force et de la hauteur de votre âme, et vous ne vous défiez pas des mauvais exemples. Vous êtes-vous donc persuadé qu'avec un esprit très-ardent et un caractère élevé, vous puissiez vivre honteusement dans la mollesse comme un homme fou et frivole? Et qui vous assure que vous ne serez pas même méprisé dans cette carrière, étant né pour une autre? Vous vous inquiétez trop des injustices que l'on peut vous faire, et de ce qu'on pense de vous. Qui aurait cultivé la vertu, qui aurait tenté ou sa réputation, ou sa fortune par des voies hardies, s'il avait attendu que les louanges l'y encourageassent? Les hommes ne se rendent d'ordinaire sur le mérite d'autrui qu'à la dernière extrémité. Ceux que nous croyons nos amis sont assez souvent les derniers à nous accorder leur aveu. On a toujours dit que personne n'a créance parmi les siens; pourquoi? parce que les plus grands hommes ont eu leur progrès comme nous. Ceux qui les ont connus dans les imperfections de leurs commencements, se les représentent toujours dans cette première faiblesse, et ne peuvent souffrir qu'ils sortent de l'égalité imaginaire où ils se croyaient avec eux; mais les étrangers sont plus justes, et enfin le mérite et le courage triomphent de tout.

§. II. Êtes-vous bien aise de savoir, mon cher ami, ce que bien des femmes appellent quelquefois un homme aimable? C'est un homme que personne n'aime, qui lui-même n'aime que soi et son plaisir, et en fait profession avec impudence; un homme par conséquent inutile aux autres hommes, qui pèse à la petite société qu'il tyrannise; qui est vain, avantageux, méchant même par principes; un esprit léger et frivole, qui n'a point de goût décidé; qui n'estime les choses et ne les recherche jamais pour elles-mêmes, mais uniquement selon la considération qu'il y croit attachée, et fait tout par ostentation; un homme souverainement confiant et dédaigneux, qui méprise les affaires et ceux qui les traitent, le gouvernement et les ministres, les ouvrages et les auteurs; qui se persuade que toutes ces choses ne méritent pas qu'il s'y applique, et n'estime rien de solide que d'avoir des bonnes fortunes, ou le don de dire des riens; qui prétend néanmoins à tout, et parle de tout sans pudeur; en un mot un fat sans vertus, sans talents sans goût de la gloire, qui ne prend jamais dans les choses que ce qu'elles ont de plaisant, et met son

principal mérite à tourner continuellement
en ridicule tout ce qu'il connaît sur la terre
de sérieux et de respectable.

Gardez-vous donc bien de prendre pour le
monde ce petit cercle de gens insolents, qui
ne comptent eux-mêmes pour rien le reste des
hommes, et n'en sont pas moins méprisés.
Des hommes si présomptueux passeront aussi
vite que leurs modes, et n'ont pas plus de
part au gouvernement du monde que les co-
médiens et les danseurs de corde : si le hasard leur donne sur quelque théâtre du crédit,
c'est la honte de cette nation et la marque de
la décadence des esprits. Il faut renoncer à la
faveur lorsqu'elle sera leur partage : vous y
perdrez moins qu'on ne pense; ils auront les
emplois, vous aurez les talents; ils auront les
honneurs, vous, la vertu. Voudriez-vous obtenir leurs places au prix de leurs dérégle-
ments, et par leurs frivoles intrigues? Vous
le tenteriez en vain : il est aussi difficile de
contrefaire la fatuité que la véritable vertu.

§ III. Que le sentiment de vos faiblesses,
mon aimable ami, ne vous tienne pas abattu
Lisez ce qui nous reste des plus grands hommes; les erreurs de leur premier âge effacées
par la gloire de leur nom, n'ont pas toujours
été jusqu'à leurs historiens; mais eux-mêmes
les ont avouées en quelque sorte. Ce sont eux
qui nous ont appris que tout est vanité sous
le soleil; ils avait donc éprouvé, comme tous
les autres, de s'enorgueillir, de s'abattre, de
se préoccuper de petites choses. Ils s'étaient
trompés mille fois dans leurs raisonnements
et leurs conjectures; ils avaient eu la pro-

fonde humiliation d'avoir tort avec leurs inférieurs. Les défauts qu'ils cachaient avec le
plus de soin, leur étaient souvent échappés ;
ainsi ils avaient été accablés en même temps
par leur conscience et par la conviction publique ; en un mot, c'étaient de grands hommes, mais c'étaient des hommes, et ils sup-
portaient leurs défauts. On peut se consoler
d'éprouver leurs faiblesses, lorsque l'on se
sent le courage de cultiver leurs vertus.

§ IV. Aimez la familiarité, mon cher ami ;
elle rend l'esprit souple, délié, modeste, ma-
niable, déconcerte la vanité, et donne, sous
un air de liberté et de franchise, une prudence qui n'est pas fondée sur les illusions
de l'esprit, mais sur les principes indubita-
bles de l'expérience. Ceux qui ne sortent pas
d'eux-mêmes sont tout d'une pièce ; ils craignent les hommes qu'ils ne connaissent pas,
ils les évitent, ils se cachent au monde et à
eux-mêmes, et leur cœur est toujours serré.
Donnez plus d'essor à votre âme, et n'appré-
hendez rien des suites ; les hommes sont faits
de manière qu'ils n'aperçoivent pas une
partie des choses qu'on leur découvre, et
qu'ils oublient aisément l'autre. Vous verrez d'ailleurs que le cercle où l'on a passé sa
jeunesse se dissipe insensiblement ; ceux qui
le composaient s'éloignent, et la société se
renouvelle. Ainsi l'on entre dans un autre
cercle tout instruit : alors, si la fortune vous
met dans des places où il soit dangereux de
vous communiquer, vous aurez assez d'expérience pour agir par vous-même et vous passer d'appui. Vous saurez vous servir des hom-

mes et vous en défendre ; vous les connaîtrez ;
enfin vous aurez la sagesse dont les gens timides ont voulu se revêtir avant le temps, et
qui est avortée dans leur sein.

§ V. Voulez-vous avoir la paix avec les
hommes, ne leur contestez pas les qualités
dont ils se piquent ; ce sont celles qu'ils mettent ordinairement au plus haut prix ; c'est
un point capital pour eux. Souffrez donc
qu'ils se fassent un mérite d'être plus délicats que vous, de se connaître en bonne
chère, d'avoir des insomnies ou des va-
peurs : laissez-leur croire aussi qu'ils sont
aimables, amusants, plaisants, singuliers ;
et s'ils avaient des prétentions plus hautes,
passez-leur encore. La plus grande de toutes
les imprudences est de se piquer de quelque
chose : le malheur de la plupart des hommes
ne vient que de là : je veux dire de s'être en-
gagés publiquement à soutenir un certain
caractère, ou à faire fortune, ou à paraître
riches, ou à faire métier d'esprit. Voyez ceux
qui se piquent d'être riches : le dérangement
de leurs affaires les fait croire souvent plus
pauvres qu'ils ne sont ; et enfin ils le deviennent effectivement, et passent leur vie dans
une tension d'esprit continuelle, qui découvre la médiocrité de leur fortune et l'excès
de leur vanité. Cet exemple se peut appli-
quer à tous ceux qui ont des prétentions.
S'ils dérogent, s'ils se démentent, le monde
jouit avec ironie de leur chagrin ; et confondus dans les choses auxquelles ils se sont
attachés, ils demeurent sans ressource, en
proie à la raillerie la plus amère. Qu'un au-

tre homme échoue dans les mêmes choses,
on peut croire que c'est par paresse, ou pour
les avoir négligées. Enfin, on n'a pas son
aveu sur le mérite des avantages qui lui
manquent; mais s'il réussit, quels éloges!
Comme il n'a pas mis ce succès au prix de
celui qui s'en pique, on croit lui accorder
moins et l'obliger cependant davantage; car
ne paraissant pas prétendre à la gloire qui
vient à lui, on espère qu'il la recevra en pur
don, et l'autre nous la demandait comme une
dette.

§ VI. C'est une maxime du cardinal de
Retz, qu'il faut tâcher de former ses projets
de façon que leur irréussite même soit suivie de quelque avantage : et cette maxime
est très-bonne.

Dans les situations désespérées, on peut
prendre des partis violents; mais il faut
qu'elles soient désespérées. Les grands hommes s'y abandonnent quelquefois par une
secrète confiance des ressources qu'ils ont
pour subsister dans les extrémités, ou pour
en sortir à leur gloire. Ces exemples sont
sans conséquence pour les autres hommes.

C'est une faute commune, lorsqu'on fait un
plan, de songer aux choses sans songer à
soi. On prévoit les difficultés attachées aux
affaires; celles qui naîtront de notre fonds,
rarement.

Si pourtant on est obligé à prendre des ré-
solutions extrêmes, il faut les embrasser
avec courage et sans prendre conseil des
gens médiocres; car ceux-ci ne comprennent
pas qu'on puisse assez souffrir dans la mé-

diocrité qui est leur état naturel, pour vouloir en sortir par de si grands hasards, ni
qu'on puisse durer dans ces extrémités qui
sont hors de la sphère de leurs sentiments.
Cachez-vous des esprits timides. Quand vous
leur auriez arraché leur approbation par surprise, ou par la force de vos raisons, rendus
à eux-mêmes, le tempérament les ramènerait
bientôt à leurs principes, et vous les rendrait
plus contraires.

Croyez qu'il y a toujours, dans le cours de
la vie, beaucoup de choses qu'il faut hasarder, et beaucoup d'autres qu'il faut mépriser; et consultez en cela votre raison et vos
forces.

Ne comptez sur aucun ami dans le malheur. Mettez toute votre confiance dans votre courage et dans les ressources de votre
esprit. Faites-vous, s'il se peut, une destinée
qui ne dépende pas de la bonté trop incon-
stante et trop peu commune des hommes.
Si vous méritez des honneurs, si vous forcez
le monde à vous estimer, si la gloire suit
votre vie, vous ne manquerez ni d'amis fidèles, ni de protecteurs, ni d'admirateurs.

Soyez donc d'abord par vous-mêmes, si
vous voulez vous acquérir les étrangers. Ce
n'est point à une âme courageuse à attendre
son sort de la seule faveur et du seul caprice
d'autrui. C'est à son travail à lui faire une
destinée digne d'elle.

§ VII. Il faut que je vous avertisse d'une
chose, mon très-cher ami; les hommes se
recherchent quelquefois avec empressement,
mais ils se dégoûtent aisément les uns des

autres, cependant la paresse les retient longtemps ensemble après que leur goût est usé.
Le plaisir, l'amitié, l'estime (liens fragiles)
ne les attachent plus; l'habitude les asser-
vit. Fuyez ces commerces stériles, d'où l'instruction et la confiance sont bannies : le
cœur s'y dessèche et s'y gâte; l'imagination
y périt, etc.

Conservez toujours néanmoins avec tout le
monde la douceur de vos sentiments. Faites-
vous une étude de la patience, et sachez céder par raison, comme on cède aux enfants
qui n'en sont pas capables, et ne peuvent
vous offenser. Abandonnez surtout aux hommes vains, cet empire extérieur et ridicule
qu'ils affectent : il n'y a de supériorité réelle
que celle de la vertu et du génie.

Voyez des mêmes yeux, s'il est possible,
l'injustice de vos amis; soit qu'ils se familia-
risent par une longue habitude avec vos
avantages, soit que par une secrète jalousie
ils cessent de les reconnaître, ils ne peuvent
vous les faire perdre. Soyez donc froid là-
dessus : un favori admis à la familiarité de
son maître, un domestique aiment mieux
dans la suite se faire chasser que de vivre
dans la modestie de leur condition. C'est
ainsi que sont faits les hommes: vos amis
croiront s être acquis par la connaissance
de vos défauts une sorte de supériorité sur
vous : les hommes se croient supérieurs aux
défauts qu'ils peuvent sentir, c'est ce qui fait
qu'on juge dans le monde si sévèrement des
actions, des discours, et des écrits d'autrui.
Mais pardonnez-leur jusqu'à cette connais-

sance de vos défauts, et les avantages frivoles qu'ils essayeront d'en tirer : ne leur demandez pas la même perfection qu'ils semblent exiger de vous. Il y a des hommes qui ont de l'esprit et un bon cœur, mais remplis de délicatesses fatigantes; ils sont pointilleux, difficiles, attentifs, défiants, jaloux; ils se fâchent de peu de chose, et auraient honte de revenir les premiers : tout ce qu'ils mettent dans la société, ils craignent qu'on ne pense qu'ils le doivent. N'ayez pas la faiblesse de renoncer à leur amitié par vanité ou par impatience, lorsqu'elle peut encore vous être utile ou agréable; et quand vous voudrez rompre, faites qu'ils croient eux-mêmes vous avoir quitté.

Au reste, s'ils sont dans le secret de vos affaires ou de vos faiblesses, n'en ayez jamais de regret. Ce que l'on ne confie que par vanité et sans dessein, donne un cruel repentir; mais, lorsqu'on ne s'est mis entre les mains de son ami que pour s'enhardir dans ses idées, pour les corriger, pour tirer du fond de son cœur la vérité, et pour épuiser par la confiance les ressources de son esprit, alors on est payé d'avance de tout ce qu'on peut en souffrir.

§ VIII. Que je vous estime, mon très-cher ami, de mépriser les petites finesses dont on s'aide pour en imposer! Laissez-les constamment à ceux qui craignent d'être approfondis, qui cherchent à se maintenir par des amitiés ménagées, ou par des froideurs concertées, et attendent toujours qu'on les prévienne. Il est bon de vous faire une nécessité

de plaire par un vrai mérite, au hasard même
de déplaire à bien des hommes; ce n'est pas
un grand mal de ne pas réussir avec toute
sorte de gens, ou de les perdre après les
avoir attachés. Il faut supporter, mon ami,
que l'on se dégoûte de vous, comme on se
dégoûte des autres biens. Les hommes ne
sont pas touchés longtemps des mêmes choses; mais les choses dont ils se lassent n'en
sont pas, de leur aveu, pires. Que cela vous
empêche seulement de vous reposer sur vous-
même; on ne peut conserver aucun avantage que par les efforts qui l'acquièrent.

§ IX. Si vous avez quelque passion qui
élève vos sentiments, qui vous rende plus
généreux, plus compatissant, plus humain,
qu'elle vous soit chère.

Par une raison fort semblable, lorsque
vous aurez attaché à votre service des hommes qui sauront vous plaire, passez-leur
beaucoup de défauts. Vous serez peut-être
plus mal servi, mais vous serez meilleur
maître : il faut laisser aux hommes de basse
extraction la crainte de faire vivre d'autres
hommes qui ne gagnent pas assez laborieu-
sement leur salaire. Heureux qui leur peut
adoucir les peines de leur condition!

En toute occasion, quand vous vous senti-
rez porté vers quelque bien, lorsque votre
beau naturel vous sollicitera pour les misérables, hâtez-vous de vous satisfaire. Crai-
gnez que le temps, le conseil n'emportent
ces bons sentiments, et n'exposez pas votre
cœur à perdre un si cher avantage. Mon bon
ami, il ne tient pas à vous de devenir riche,

d'obtenir des emplois ou des honneurs; mais
rien ne vous peut empêcher d'être bon, généreux et sage. Préférez la vertu à tout : vous
n'y aurez jamais de regret. Il peut arriver
que les hommes qui sont envieux et légers
vous fassent éprouver un jour leur injustice.
Des gens méprisables usurpent la réputation
due au mérite, et jouissent insolemment de
son partage : c'est un mal; mais il n'est pas
tel que le monde se le figure; la vertu vaut
mieux que la gloire.

§ X. Mon très-cher ami, sentez-vous votre
esprit pressé et à l'étroit dans votre état?
c'est une preuve que vous êtes né pour une
meilleure fortune; il faut donc sortir de vos
voies, et marcher dans un champ moins li-
mité.

Ne vous amusez pas à vous plaindre, rien
n'est moins utile; mais fixez d'abord vos regards autour de vous : on a quelquefois dans
sa main des ressources que l'on ignore. Si
vous n'en découvrez aucune, au lieu de vous
morfondre tristement dans cette vue, osez
prendre un plus grand essor : un tour d'imagination un peu hardi nous ouvre souvent
des chemins pleins de lumière. Quiconque
connaît la portée de l'esprit humain tente
quelquefois des moyens qui paraissent im-
praticables aux autres hommes. C'est avoir
l'esprit chimérique que de négliger les facili-
tés ordinaires pour suivre des hasards et des
apparences; mais, lorsqu'on sait bien allier
les grands et les petits moyens et les employer de concert, je crois qu'on aurait tort
de craindre non-seulement l'opinion du

monde, qui rejette toute sorte de hardiesse
dans les malheureux, mais même les con-.
tradictions de la fortune.

Laissez croire à ceux qui le veulent croire,
que l'on est misérable dans les embarras des
grands desseins. C'est dans l'oisiveté et la
petitesse que la vertu souffre, lorsqu'une prudence timide l'empêche de prendre l'essor, et
la fait ramper dans ses liens : mais le malheur même a ses charmes dans les grandes
extrémités; car cette opposition de la fortune élève un esprit courageux, et lui fait
ramasser toutes ses forces, qu'il n'employait
pas.

§ XI. Nous jugeons rarement des choses,
mon aimable ami, par ce qu'elles sont en
elles-mêmes; nous ne rougissons pas du
vice, mais du déshonneur. Tel ne ferait pas
scrupule d'être fourbe, qui est honteux de
passer pour tel, même injustement.

*Nous demeurons flétris et avilis à nos propres
yeux, tant que nous croyons l'être à ceux du
monde;* nous ne mesurons pas nos fautes par
la vérité, mais par l'opinion. Qu'un homme
séduise une femme sans l'aimer, et l'abandonne après l'avoir séduite, peut-être qu'il
en fera gloire; mais si cette femme le trompe
lui-même, qu'il n'en soit pas aimé quoique
amoureux, et que cependant il croie l'être;
s'il découvre la vérité, et que cette femme
infidèle se donnait par goût à un autre lorsqu'elle se faisait payer à lui de ses rigueurs,
sa défaite et sa confusion ne se pourront pas
exprimer, et on le verra pâlir à table sans

cause apparente, dès qu'un mot jeté au hasard lui rapprochera cette idée.

Un autre rougit d'aimer son esclave qui a des vertus, et se donne publiquement pour le possesseur d'une femme sans mérite, que même il n'a pas. Ainsi on affiche des vices effectifs; et si de certaines faiblesses pardonnables venaient à paraître, on s'en trouverait accablé.

Je ne fais pas ces réflexions pour encourager les gens bas, car ils n'ont que trop d'impudence. Je parle pour ces âmes fières et délicates qui s'exagèrent leurs propres faiblesses, et ne peuvent souffrir la conviction publique de leurs fautes.

Alexandre ne voulait plus vivre après avoir tué Clitus; sa grande âme était consternée d'un emportement si funeste. Je le loue d'être devenu par là plus tempérant; mais, s'il eût perdu le courage d'achever ses vastes desseins, et qu'il n'eût pu sortir de cet horrible abattement où d'abord il était plongé, le ressentiment de sa faute l'eût poussé trop loin.

Mon ami, n'oubliez jamais que rien ne nous peut garantir de commettre beaucoup de fautes. Sachez que le même génie qui fait la vertu, produit quelquefois de grands vices. La valeur et la présomption, la justice et la dureté, la sagesse et la volupté se sont mille fois confondues, succédé ou alliées. Les extrémités se rencontrent et se réunissent en nous. Ne nous laissons donc pas abattre. Consolons-nous de nos défauts, puisqu'ils nous laissent toutes nos vertus; que le sentiment de nos faiblesses ne nous fasse pas perdre celui de nos forces : il est de l'essence de l'esprit de se tromper; le cœur a aussi ses erreurs. Avant de rougir d'être faible, mon très-cher ami, nous serions moins déraisonnables de rougir d'être hommes.

CARACTÈRES

—

1. — ORONTE, OU LE VIEUX FOU.

Oronte, vieux et flétri, dit que les gens vieux sont tristes, et pour lui il n'aime que les jeunes gens. C'est pour cela qu'il s'est logé dans une auberge, où il a, dit-il, le plaisir de ceux qui voyagent, sans leurs peines, parce qu'il voit tous les jours à souper de nouveaux visages. On le voit quelquefois au jeu de paume, avec de jeunes gens qui sortent du bal, et il va déjeuner avec eux. Il les cultive avec le même soin que s'il avait envie de leur plaire. Mais on peut lui rendre justice : ce n'est pas la jeunesse qu'il aime, c'est la folie. Il a un fils qui a vingt ans, et qui est déjà estimé dans le monde; mais ce jeune homme est appliqué à passer une grande partie de la nuit à lire. Oronte a brûlé plusieurs fois les livres de son fils, et n'a fait grâce qu'à des vers obscènes, qui d'ailleurs sont assez mauvais. Ce jeune homme en achète toujours de nouveaux, et trompe les soins de son père. Oronte a voulu lui donner une fille de l'Opéra, que lui-même a eue autrefois, et n'a rien négligé, dit-il, pour son éducation; mais ce petit drôle est entêté, ajoute-t-il, et a l'esprit gâté et plein de chimères.

2. — THERSITE.

Thersite est l'officier de l'armée que l'on voit le plus. C'est lui qu'on rencontre toujours à la suite du général, monté sur un petit cheval qui boîte, avec un harnais de velours en broderie, et un coureur qui marche devant lui. S'il y a ordre à l'armée de partir la nuit pour cacher une marche à l'ennemi, Thersite ne se couche point comme les autres, quoiqu'il ait du temps; mais il se fait mettre des papillotes, et fait poudrer ses cheveux, en attendant qu'on batte la générale. Il accompagne exactement l'officier de jour, et visite avec lui les postes de l'armée. Il donne des projets au général, et fait un journal raisonné des opérations de la campagne. On ne fait guère de détachement où il ne se trouve; et comme il est le premier de son régiment à marcher, et qu'on le cherche partout, on apprend qu'il est volontaire à un fourrage qui se fait sur les derrières du camp; et un autre marche à sa place. Ses camarades ne l'estiment point; mais il ne vit pas avec eux, il les évite; et si quelque officier général lui demande le nom d'un officier de son régiment qui est de garde, Thersite répond qu'il le connaît bien, mais qu'il ne se souvient pas de son nom. Il est familier, officieux, insolent, et pourtant très-bas avec son colonel. Il fait servilement sa cour à tous les grands seigneurs de l'armée; et s'il se trouve chez le duc Eugène lorsque celui-ci se débotte, Thersite fait un mouvement pour lui présenter ses souliers; mais comme il s'aperçoit qu'il y a beaucoup de monde dans la chambre, il laisse prendre les souliers par un valet, et rougit en se relevant.

3. — LES JEUNES GENS.

Les jeunes gens jouissent sans le savoir, et s'ennuient en croyant se divertir. Ils font un souper où ils sont dix-huit sans compter les *dames*; et ils passent la nuit à table à détonner quelques chansons obscènes, à conter le roman de l'Opéra, et à se fatiguer pour chercher le plaisir, qu'à peine les plus impudents peuvent essayer dans un quart d'heure de faveur; et comme on se pique à tous les âges d'avoir de l'esprit, ils admettent quelquefois à leurs parties des gens de lettres qui font là leur apprentissage pour le monde. Mais tous s'ennuient réciproquement, et ils se détrompent les uns des autres.

Ces jeunes gens vont au spectacle pour se rassembler. Ils y paraissent, épuisés de leurs incontinences, avec une audace affectée et des yeux éteints. Ils parlent grossièrement des femmes, et avec dégoût. On les voit sortir quelquefois au commencement du spectacle, pour satisfaire quelque idée de débauche qui leur vient en tête; et après avoir fait le tour des allées obscures de la foire, ils reviennent au dernier acte de la comédie, et se racontent à l'oreille leurs ridicules prouesses. Ils se sont fait un point d'honneur de traiter légè-

rement tous les plaisirs; et les plaisirs, qui
fuient la dissipation et la folie, ne leur laissent qu'une ombre faible, et une fausse image
de leurs charmes.

4. — MIDAS, OU LE SOT QUI EST GLORIEUX.

Le sot qui a de la vanité est l'ennemi né
des talents. S'il entre dans une maison où il
trouve un homme d'esprit, et que la maîtresse
du logis lui fasse l'honneur de le lui présenter, Midas le salue légèrement, et ne répond
point. Si l'on ose louer en sa présence le mérite qui n'est pas riche, il s'assied auprès
d'une table, et compte des jetons ou mêle des
cartes sans rien dire. Lorsqu'il paraît un livre dans le monde qui fait quelque bruit,
Midas jette d'abord les yeux sur la fin, et puis
sur le milieu du livre. Ensuite il prononce
que l'ouvrage manque d'ordre, et qu'il n'a jamais eu la force de l'achever. On parle devant
lui d'une victoire que le héros du Nord a rem-
portée sur ses ennemis, et sur ce qu'on raconte des prodiges de sa capacité et de sa
valeur, Midas assure que la disposition de la
bataille a été faite par M. de Rottembourg
qui n'y était pas, et que le prince s'est tenu
caché dans une cabane jusqu'à ce que les ennemis fussent en déroute. Un homme qui a
été à cette action l'assure qu'il a vu charger
le roi à la tête de sa maison; mais Midas répond froidement qu'on ne verra jamais que
des folies d'un prince qui fait des vers, et qui
est l'ami de Voltaire.

5. — LE FLATTEUR INSIPIDE.

Un homme parfaitement insipide est celui qui loue indifféremment tout ce qu'il croit utile de louer; qui, lorsqu'on lui lit un mauvais roman, mais protégé, le trouve digne de l'auteur du *Sopha*, et feint de le croire de lui; qui demande à un grand seigneur qui lui montre une ode, pourquoi il ne fait pas une tragédie ou un poëme épique; qui du même éloge qu'il donne à Voltaire, régale un auteur qui s'est fait siffler sur les trois théâtres; qui se trouvant à souper chez une femme qui a la migraine, lui dit tristement que la vivacité de son esprit la consume comme Pascal, et qu'il faut l'empêcher de se tuer. S'il arrive à un homme de ce caractère de faire une plaisanterie sur quelqu'un qui n'est pas riche, mais dont un homme riche prend le parti, aussitôt le flatteur change de langage, et dit que les petits défauts qu'il reprenait servent d'ombre au mérite distingué. C'est l'homme dont Rousseau disait :

Quelquefois même aux bons mots s'abandonne,
Mais doucement et sans blesser personne.

Cet homme qui a loué toute sa vie jusqu'à ceux qu'il aimait le moins, n'a jamais obtenu des autres la moindre louange, et tout ce que ses amis ont osé dire de plus fort pour lui, c'est ce vieux discours : *En vérit , c'est un honnête garçon,* ou : *c'est un bon homme.*

6. — LACON, OU LE PETIT HOMME.

Lacon ne refuse pas son estime à tous les auteurs. Il y a beaucoup d'ouvrages qu'il admire; et tels sont les vers de La Mothe, l'*Histoire romaine* de Rollin, et le *Traité du vrai mérite*, qu'il préfère, dit-il, à La Bruyère. Il met dans une même classe Bossuet et Fléchier, et croit faire honneur à Pascal de le comparer à Nicole, dont il a lu les *Essais* avec une patience tout à fait chrétienne. Il soutient qu'après Bayle et Fontenelle, l'abbé Desfontaines est le meilleur écrivain que nous ayons eu. Il ne peut souffrir la musique de Rameau, et si on lui parle des *Indes galantes* ou de l'opéra de *Dardanus*, il se met à chanter des morceaux de *Tancrède* ou d'un autre ancien opéra. Il n'épargne pas les acteurs qui ont succédé à Murer, à Thévenard, etc., et Poirier ne paraît jamais qu'il ne batte longtemps des mains pour faire de la peine à Gelliotte, tant il est difficile de lui plaire dès qu'on prime en quelque art que ce puisse être.

7. — CARITÈS, OU LE GRAMMAIRIEN.

Caritès est esclave de la construction, et ne peut souffrir la moindre hardiesse. Il ne sait point ce que c'est qu'éloquence, et se plaint de ce que l'abbé d'Olivet a fait grâce à Racine de quatre cents fautes : mais il sait

admirablement la différence de *pas* et *point*;
et il a fait des notes excellentes sur le petit
Traité des synonymes, ouvrage très-propre,
dit-il, à former un grand orateur. Caritès n'a
jamais senti si un mot était propre ou ne
l'était pas; si une épithète était juste, et si
elle était à sa place. Si pourtant il fait imprimer un petit ouvrage, il y fait, pendant
l'impression, de continuels changements : il
voit, il revoit les épreuves, il les communi-
que à ses amis; et si, par malheur, le libraire
a oublié d'ôter une virgule qui est de trop,
quoiqu'elle ne change point le sens, il ne
veut point que son livre paraisse jusqu'à ce
qu'on ait fait un carton, et il se vante qu'il
n'y a point de livre si bien imprimé que le
sien.

8. — L'ÉTOURDI.

Il n'y a pas longtemps qu'étant à la comédie, auprès d'un jeune homme qui faisait du
bruit, je lui dis : « Vous vous ennuyez; il faut
écouter une pièce quand on veut s'y plaire.
— Mon ami, me répondit-il, chacun sait ce
qui le divertit : je n'aime point la comédie,
mais j'aime le théâtre : vous êtes bien fou
d'imaginer d'apprendre à quelqu'un ce qui
lui plaît. — Cela peut bien être, lui dis-je; je
ne savais pas que vous vinssiez à la comédie
pour avoir le plaisir de l'interrompre. — Et
moi je savais, me dit-il, qu'on ne sait ce
qu'on dit quand on raisonne des plaisirs
d'autrui; et je vous prendrais pour un sot,

mon très-cher ami, si je ne vous connaissais depuis longtemps pour le fou le plus accompli qu'il y ait au monde. » — En achevant ces mots, il traversa le théâtre, et alla baiser sur la joue un homme grave qu'il ne connaissait que de la veille.

9. — CLAZOMÈNE, OU LA VERTU MALHEUREUSE.

Clazomène a eu l'expérience de toutes les misères de l'humanité. Les maladies l'ont assiégé dès son enfance, et l'ont sevré dans son printemps de tous les plaisirs de la jeunesse. Né pour les plus grands déplaisirs, il a eu de la hauteur et de l'ambition dans la pauvreté. Il s'est vu dans ses disgrâces méconnu de ceux qu'il aimait. L'injure a flétri sa vertu; et il a été offensé de ceux dont il ne pouvait prendre de vengeance. Ses talents, son travail continuel, son application à bien faire n'ont pu fléchir la dureté de sa fortune. Sa sagesse n'a pu le garantir de faire des fautes irréparables. Il a souffert le mal qu'il ne méritait pas, et celui que son imprudence lui a attiré. Lorsque la fortune a paru se lasser de le poursuivre, la mort s'est offerte à sa vue. Ses yeux se sont fermés à la fleur de son âge, et quand l'espérance trop lente commençait à flatter sa peine, il a eu la douleur insupportable de ne pas laisser assez de bien pour payer ses dettes, et n'a pu sauver sa vertu de cette tache. Si l'on cherche quelque raison d'une destinée si cruelle, on aura, je crois, de la peine à en trouver. Faut-il de-

mander pourquoi des joueurs très-habiles se
ruinent au jeu, pendant que d'autres hommes y font leur fortune? ou pourquoi l'on
voit des années qui n'ont ni printemps ni
automne, où les fruits de l'année sèchent
dans leur fleur? Toutefois, qu'on ne pense pas
que Clazomène eût voulu changer sa misère
pour la prospérité des hommes faibles. La
fortune peut se jouer de la sagesse des gens
vertueux; mais il ne lui appartient pas de
faire fléchir leur courage.

10. — PHALANTE, OU LE SCÉLÉRAT.

Phalante a voué ses talents aux fureurs
et au crime : impie, esclave insolent des
grands, ambitieux, oppresseur des faibles,
contempteur des bons, corrupteur audacieux
de la jeunesse, son génie violent et hardi
préside en secret à tous les crimes qui sont
ensevelis dans les ténèbres. Il est dès longtemps à la tête de tous les débauchés et les
scélérats. Il ne se commet point de meurtres
ni de brigandage où son noir ascendant ne
le fasse tremper. Il ne connaît ni l'amour,
ni la crainte, ni la foi, ni la compassion. Il
méprise l'honneur autant que la vertu, et il
hait les dieux et les lois. Le crime lui plaît
par lui-même. Il est scélérat sans dessein
et audacieux sans motif. Les extrémités
les plus dures, la faim, la douleur, la misère ne l'abattent point. Il a éprouvé tour
à tour l'une et l'autre fortune : prodigue
et fastueux dans l'abondance, entreprenant

et téméraire dans la pauvreté, emporté et
souvent cruel dans ses plaisirs, dissimulé
et implacable dans ses haines, furieux et
barbare dans ses vengeances, éloquent seulement pour persuader le crime et pour
pervertir l'innocence, son naturel féroce et
indomptable aime à fouler aux pieds l'humanité, la prudence et la religion; il vit tout
souillé d'infamie; il marche la tête levée;
il menace de ses regards les sages et les
vertueux; sa témérité insolente triomphe
des lois.

11. — ISOCRATE OU LE BEL ESPRIT MODERNE.

Le bel esprit moderne n'est ni philosophe,
ni poëte, ni historien, ni théologien, il a
toutes ces qualités si différentes et beaucoup
d'autres; il est obligé de dire assez de choses
inutiles, parce qu'il doit fort peu parler de
choses nécessaires. Le sublime de sa science
est de rendre des pensées frivoles par des
traits. Qui veut mieux penser ou mieux vivre?
Qui sait même où est la vérité? Un esprit
vraiment supérieur fait valoir toutes les opinions, et ne tient à aucune. Il a vu le fort et
le faible de tous les principes, et il a reconnu
que l'esprit humain n'avait que le choix de
ses erreurs. Indulgente philosophie, qui égale
Achille et Thersite, et nous laisse la liberté
d'être *ignorants*, paresseux, frivoles, oisifs,
sans nous faire de pire condition! Aussi met-
tons-nous à la tête des philosophes son illustre auteur, et je veux avouer qu'il y a peu

d'hommes d'un esprit si philosophique, si fin, si facile, si net, et d'une si grande surface; mais nul n'est parfait; et je crois que les plus sublimes esprits ont eux-mêmes des endroits faibles. Ce sage et subtil philosophe n'a jamais compris que la vérité nue pût intéresser; la simplicité, la véhémence, le sublime ne les touchent point. *Il me semble, dit-il, qu'il ne faudrait donner dans le sublime qu'à son corps défendant; il est si peu naturel.* Isocrate veut qu'on traite toutes les choses du monde en badinant; aucune ne mérite, selon lui, un autre ton. Si on lui représente que les hommes aiment sérieusement jusqu'aux bagatelles, et ne badinent que des choses qui les touchent peu, il n'entend pas cela, dit-il; pour lui il n'estime que le naturel; cependant son badinage ne l'est pas toujours, et ses réflexions sont plus fines que solides. Isocrate est le plus ingénieux de tous les hommes, et compte pour peu tout le reste. C'est un homme qui ne veut ni persuader, ni corriger, ni instruire personne. Le vrai et le faux, le frivole et le grand, tout ce qui lui est occasion de dire quelque chose d'agréable, lui est aussi propre. Si César vertueux peut lui fournir un trait, il peindra César vertueux, sinon il fera voir que toute sa fortune n'a été qu'un coup du hasard, et Brutus sera tour à tour un héros ou un scélérat, selon qu'il sera plus utile à Isocrate. Cet auteur n'a jamais écrit que dans une seule pensée; il est parvenu à son but. Les hommes ont enfin tiré de ses ouvrages ce plaisir solide de savoir qu'il a de l'esprit. Quel moyen après cela de condamner un genre d'écriture si intéressant et si utile!

On ne finirait point sur Isocrate et sur
ses pareils, si on voulait tout dire. Ces esprits si fins ont paru après les grands hommes du siècle passé. Il ne leur était pas
facile de donner à la vérité la même autorité et la même force que l'éloquence lui
avait prêtée; et pour se faire remarquer
après de si grands hommes, il fallait avoir
leur génie ou marcher dans une autre voie.
Isocrate, né sans passions, privé de sentiment
pour la simplicité et l'éloquence, s'attacha
bien plus à détruire qu'à rien établir. Ennemi
des anciens systèmes, et savant à saisir le
faible des choses humaines, il voulut paraître à son siècle comme un philosophe impar-
tial, qui n'obéissait qu'aux lumières de la
plus exacte raison. Sans chaleur et sans préjugés, les hommes sont faits de manière que
si on leur parlait avec autorité et avec passion, leurs passions et leur pente à croire les
persuadent facilement; mais, si au contraire
on badine et qu'on leur propose des doutes,
ils écoutent avidement, ne se défiant pas
qu'un homme qui parle de sang-froid puisse
se tromper; car peu savent que le raisonnement n'est pas moins trompeur que le sentiment, et d'ailleurs l'intérêt des faibles, qui
composent le plus grand nombre, est que
tout soit cru équivoque. Isocrate n'a donc
eu qu'à lever l'étendard de la révolte contre
l'autorité et les dogmatiques, pour faire aussitôt beaucoup de prosélytes. Il a comparé le
génie de l'esprit ambitieux des héros de la
Grèce à l'esprit de ses courtisanes; il a mé-

prisé les beaux-arts. *L'éloquence*, a-t-il dit, *et la poésie sont peu de chose*; et ces paradoxes brillants, il a su les insinuer avec beaucoup d'art, en badinant et sans paraître s'y inté-resser. Qui n'eût cru qu'un pareil système n'eût fait un progrès pernicieux dans un siècle si amoureux du raisonnement et du vice? Cependant la mode a son cours, et l'er-reur périt avec elle. On a bientôt senti le fai-ble d'un auteur qui, paraissant mépriser les plus grandes choses ne méprisait pas de dire des pointes, et n'avait point de répugnance à se contredire. Pour ne pas perdre un trait d'esprit, il a plu par la nouveauté et par la petite hardiesse de ses opinions; mais sa ré-putation précipitée a déjà perdu tout son lus-tre; il a survécu à sa gloire, et il sert à son siècle de preuve qu'il n'y a que la simpli-cité, la vérité et l'éloquence, c'est-à-dire tou-tes les choses qu'il a méprisées, qui puis-sent durer.

12. — THIESTE, OU LA SIMPLICITÉ

Thieste est né simple et naïf : il aime la pure vertu, mais il ne prend pas pour mo-dèle la vertu d'un autre; il connaît peu les règles de la probité, il la suit par tempéra-ment. Lorsqu'il y a quelque loi de la morale qui ne s'accorde pas avec ses sentiments, il la laisse à part, et n'y pense point. S'il ren-contre, la nuit, une de ces femmes qui épient les jeunes gens, Thieste souffre qu'elle l'en-tretienne, et marche quelque temps à côté

d'elle; et comme elle se plaint de la nécessité qui détruit toutes les vertus, et fait les
opprobres du monde, il lui dit que la pauvreté n'est point un vice quand on sait vivre
de son industrie, sans nuire à personne; et
ne se trouvant point d'argent parce qu'il est
jeune, il lui donne sa montre qui n'est plus à
la mode, et qui est un présent de sa mère;
ses camarades se moquent de lui et le tour-
nent en ridicule, mais il leur répond : Mes
amis, vous riez de trop peu de chose. Le
monde est rempli de misères qui serrent le
cœur; il faut être humain; le désordre des
malheureux est toujours le crime des riches.

13. — TRASILLE, OU LES GENS A LA MODE.

Trasille n'a jamais souffert qu'on rît de réflexions en sa présence, et que l'on eût la
liberté de parler juste; il est vif, léger et
railleur, n'estime et n'épargne personne,
change incessamment de discours, ne se
laisse ni manier, ni user, ni approfondir, et
fait plus de visites en un jour que Dumoulin
ou qu'un homme qui sollicite pour un grand
procès. Ses plaisanteries sont amères : il loue
rarement. Il pousse l'insolence jusqu'à interrompre ceux qui sont assez vains pour le
louer, les fixe et détourne la tête; il est dur
avare, impérieux; il a de l'ambition par arrogance, et quelque crédit par audace. Les
femmes le courent, il les joue : il ne connaît
pas l'amitié; il est tel que le plaisir même ne
peut l'attendrir un moment.

14. — PHOCAS, OU LA FAUSSE SINGULARITÉ.

Phocas se pique plus qu'homme du monde
de n'emprunter de personne ses idées. Si
vous lui parlez d'éloquence ne lui nommez
pas Cicéron, il vous ferait d'abord l'éloge
d'Abdallah, d'Abutales et de Mahomet, et
vous assurerait que rien n'égale la sublimité des Arabes. Lorsqu'il est question de
la guerre, ce n'est ni M. de Turenne ni le
grand Condé qu'il admire; il leur préfère
d'anciens généraux dont on ne connaît que
les noms et quelques actions contestées. En
tel genre que ce puisse être, si vous lui citez
deux grands hommes, soyez sûr qu'il choi-
sira toujours le moins illustre. Phocas évite
de se rencontrer avec les autres, et dédaigne
de parler juste. Il affecte surtout de n'être
point suivi dans ses discours, comme un
homme qui ne parle que par inspiration et
par saillies. Si vous lui dites quelque chose
de sérieux, il répond par une plaisanterie; et
si vous parlez au contraire de choses frivoles, il entame un discours sérieux. Il dédaigne de contredire, mais il interrompt. Il est
bien aise de vous faire entendre que vous ne
dites rien qui l'intéresse; que tout est usé
pour quelqu'un qui pense et qui sent comme
lui. Faible esprit, qui s'est persuadé qu'on
est singulier par étude, et, à force d'affectation, original!

15. — CIRUS, OU L'ESPRIT EXTRÊME.

Cirus cachait sous un extérieur simple un esprit ardent et inquiet. Modéré au dehors, mais extrême, toujours occupé au dedans, et plus agité dans le repos que dans l'action; trop libre et trop hardi dans ses opinions pour donner des bornes à ses passions, suivant avec indépendance tous ses sentiments, et subordonnant toutes les règles à son instinct, comme un homme qui se croit maître de son sort, et se confie à son naturel présomptueux et inflexible, dénué des talents qui soulèvent les hommes dans la médiocrité et qui ne se rencontrent pas avec des passions si sérieuses; supérieur à cette fortune qui le renferme dans l'enceinte d'une ville ou d'une petite province, fruit d'une sagesse assez bornée; éloquent, profond, pénétrant; né avec le discernement des hommes; séducteur hardi et flatteur, fertile et puissant en raisons, impénétrable dans ses artifices; plus dangereux lorsqu'il disait la vérité, que les plus trompeurs ne le sont par les déguisements et le mensonge; un de ces hommes que les autres hommes ne comprennent point, que la médiocrité ae leur fortune déguise et avilit, et·que la prospérité seule peut développer.

16. — LIPSE.

Lipse n'avait aucun principe de conduite. Il vivait au hasard et sans dessein; il n'avait aucune vertu. Le vice même n'était dans son cœur qu'une privation de sentiment et de réflexion. Pour tout dire, il n'avait point d'âme; vain sans être sensible au déshonneur; capable d'exécuter sans intérêt et sans malice les plus grands crimes, ne délibérant jamais sur rien; méchant par faiblesse; plus vicieux par déréglement d'esprit que par amour du vice; en possession d'un bien immense à la fleur de son âge, il passait sa vie dans la crapule avec des joueurs d'instruments et des comédiennes. Il n'avait dans sa familiarité que des gens de basse extraction, que leur libertinage et leur misère avaient d'abord rendus ses complaisants, mais dont la faiblesse de Lipse lui faisait bientôt des égaux, parce qu'il n'y a point d'avantage avec lequel on se familiarise si promptement que la fortune qui n'est soutenue d'aucun mérite. On trouvait dans son antichambre, sur son escalier, dans sa cour, toutes sortes de personnages qui assiégaient sa porte. Né dans une extrême distance du bas peuple, il en rassemblait tous les vices, et justifiait la fortune, que les misérables accusent des défauts de la nature.

17. — LISIAS, OU LA FAUSSE ÉLOQUENCE.

Lisias sait orner une histoire de quelques couleurs ; il raconte agréablement, et il embellit ce qu'il touche. Il aime à parler ; il écoute peu ; il se fait écouter longtemps, et s'étend sur des bagatelles, afin d'y placer toutes ses fleurs. Il ne pénètre point ceux à qui il parle ; il ne cherche point à les pénétrer ; il ne connaît ni leurs intérêts, ni leurs caractères, ni leurs desseins. Bien loin de chercher à flatter leurs passions ou leurs espérances, il agit toujours avec eux comme s'ils n'avaient d'autre affaire que de l'écouter et de rire de ses saillies. Il n'a de l'esprit que pour lui ; il ne laisse pas même aux autres le temps d'en avoir pour lui plaire. Si quelqu'un d'étranger chez lui a la hardiesse de le contredire, Lisias continue à parler, ou s'il est obligé de lui répondre, il affecte d'adresser la parole à tout autre qu'à celui qui pourrait le redresser. Il prend pour juge de ce qu'on lui dit, quelque complaisant qui n'a garde de penser autrement que lui. Il sort du sujet dont on parle, et s'épuise en comparaisons. A propos d'une petite expérience de physique, il parle de tous les systèmes de physique. Il croit les orner, les déduire, et personne ne les entend. Il finit en disant qu'un homme qui invente un fauteuil plus commode, rend plus de service à l'État que celui qui a fait un nouveau système de philosophie. Lisias ne veut pas cependant qu'on croie qu'il ignore les choses les moins importantes. Il a lu jusqu'aux voyageurs et jusqu'aux relations des missionnaires. Il raconte de point en point les coutumes d'Abyssinie et les lois de l'empire de la Chine. Il dit ce qui fait la beauté en Ethiopie, et il conclut que la beauté est arbitraire, puisqu'elle change selon les pays. Lisias a été plus modeste, plus aimable et plus complaisant. La vieillesse qui fixe les fortunes, détruit les vertus. Ceux qui voient aujourd'hui Lisias sont assez persuadés de son esprit, mais aucun n'est content de soi, aucun ne se souvient de ses discours; nul n'en est touché, nul n'a envie de s'attacher à lui. Il a des équipages magnifiques, une table très-délicate pour des gens de basse extraction qui l'applaudissent. Il habite dans un palais; ce sont les avantages qu'il retire de beaucoup d'esprit et d'une plus grande fortune.

18. — ALCIPE.

Alcipe a pour les choses rares cet empressement qui témoigne un goût inconstant pour celles qu'on possède; sujet en effet à se dégoûter des plus solides, parce qu'il a moins de passion que de curiosité pour elles; peu propre par défaut de réflexion, à tirer longtemps des mêmes hommes et des mêmes choses de nouveaux usages; moins touché quelquefois du grand que du merveilleux, laissant emporter son esprit, qui manque naturellement un peu d'assiette, aux impressions précipitées de la surprise, et cherchant dans le changement ou par le secours des flc-

tions, des objets qui éveillent son âme trop
peu attentive et vide de grandes passions;
capable néanmoins de concevoir le grand et
de s'y élever, mais trop paresseux et trop volage pour s'y soutenir, hardi dans ses projets
et dans ses doutes, mais timide à croire et à
faire; défiant avec les habiles, par la crainte
qu'ils n'abusent de son caractère sans pré-
cautions et sans artifice; fuyant les esprits
impérieux qui l'obligent à sortir de son naturel pour se défendre, et font violence à sa
timidité et à sa modestie; épineux par la
crainte d'être dupe, quelquefois injuste;
comme il craint les explications par timidité
ou par paresse, il laisse aigrir plusieurs sujets de plainte sur son cœur, trop faible également pour vaincre et pour produire ces délicatesses : tels sont ses défauts les plus
cachés. Quel homme n'a pas ses faiblesses?
Celui-ci joint à l'avantage d'un beau naturel
un coup d'œil fort vif et fort juste; personne
ne juge si sainement des choses au degré où
il les pénètre; il ne les suit pas assez loin.
La vérité échappe trop promptement à son
esprit naturellement vif, mais faible, et plus
pénétrant que profond. Son goût, d'une jus
tesse rare sur les choses de sentiment, saisit
avec peine celles qui ne sont qu'ingénieuses.
Trop naturel pour être affecté de l'art, il ignore
jusqu'aux bienséances estimables, par cette
grande et précieuse simplicité, par la noblesse
de ses sentiments, par la vivacité de ses lumières, et par des vertus trop aimables pour
être exprimées.

19. — LE MÉRITE FRIVOLE.

Un homme du monde est celui qui a beaucoup d'esprit inutile, qui sait dire des choses flatteuses qui ne flattent point, des choses sensées qui n'instruisent point; qui ne peut persuader personne, quoiqu'il parle bien; qui a de cette sorte d'éloquence qui sait créer ou embellir les bagatelles, et qui anéantit les grands sujets; aussi pénétrant sur le ridicule qu'aveugle et dédaigneux pour le mérite; un homme riche en paroles et en extérieur; qui ne pouvant primer par le bon sens, s'efforce de paraître par la singularité; qui craignant de peser par la raison, pèse par son inconséquence et ses écarts; plaisant sans gaieté, vif sans passions; qui a besoin de changer sans cesse de lieux et d'objets, et ne peut suppléer par la variété de ses amusements le défaut de son propre fonds.

Si plusieurs personnes de son caractère se rencontrent ensemble, et qu'on ne puisse pas arranger une partie, ces hommes, qui ont tant d'esprit, n'en ont pas assez pour soutenir une demi-heure de conversation, même avec des femmes, et ne pas s'ennuyer d'abord les uns des autres. Tous les faits, toutes les nouvelles, toutes les plaisanteries, toutes les réflexions sont épuisées en un moment, celui qui n'est pas employé à un quadrille ou à un quinze, est obligé de se tenir assis auprès de ceux qui jouent, pour ne pas se trouver vis-à-vis d'un autre homme qui est auprès du feu, et auquel il n'a rien à dire. Tous ces gens aimabies qui ont banni la raison de leurs discours, font voir qu'on ne peut s'en passer ; le faux peut fournir quelques scènes qui piquent la surface de l'esprit, mais il n'y a que le vrai qui touche et qui ne s'épuise jamais.

20. — TITUS, OU L'ACTIVITÉ.

Titus se lève seul et sans feu pendant l'hiver ; et quand ses domestiques entrent dans sa chambre, ils trouvent déjà sur sa table un tas de lettres qui attendent la poste. Il commence à la fois plusieurs ouvrages qu'il achève avec une rapidité inconcevable, et que son génie impatient ne lui permet pas de polir. Quelque chose qu'il entreprenne, il lui est impossible de la retarder ; une affaire qu'il remettrait l'inquiéterait jusqu'au moment qu'il pourrait la reprendre. Occupé de soins si sérieux, on le rencontre pourtant dans le monde comme les hommes les plus désœuvrés. Il ne se renferme pas dans une seule société : il cultive en même temps plusieurs sociétés ; il entretient des relations sans nombre au dedans et au dehors du royaume. Il a voyagé ; il a écrit ; il a été à la cour et à la guerre ; il excelle en plusieurs métiers, et connaît tous les hommes et tous les livres. Les heures qu'il est dans le monde, il les emploie à former des intrigues et à cultiver ses amis ; il ne comprend pas que les hommes puissent parler pour parler, ou agir seulement pour agir, et l'on voit que son âme souffre quand la nécessité et la politesse le retiennent inutilement. S'il recherche quelque

plaisir, il n'y emploie pas moins de manége
que dans les affaires les plus sérieuses ; et
cet usage qu'il fait de son esprit l'occupe plus
vivement que le plaisir même qu'il poursuit.
Sain et malade, il conserve la même activité ;
il va solliciter un procès le jour qu'il a pris
médecine, et fait des vers une autre fois avec
la fièvre ; et quand on le prie de se ménager :
Hé ! dit-il, *le puis-je un moment ? vous voyez les
affaires qui m'accablent ;* quoiqu'au vrai il n'y
en a aucune qui ne soit tout à fait volontaire.
Attaqué d'une maladie plus dangereuse, il se
fait habiller pour mettre ses papiers en ordre : il se souvient des paroles de Vespasien,
et, comme cet empereur, veut mourir de-
bout.

54. — LE PARESSEUX.

Au contraire, un homme pesant se lève le
plus tard qu'il peut, dit qu'il a besoin de sommeil, et qu'il faut qu'il dorme pour se porter
bien. Il est toute la matinée à se laver la
bouche ; il tracasse en robe de chambre,
prend du thé à plusieurs reprises, et ne dîne
point parce qu'il n'en a pas le temps. S'il va
voir une jeune femme, que cette visite importune, mais qui ne veut pas que personne
sorte mécontent d'auprès d'elle, il lui laisse
toute la peine de l'entretenir ; elle fait des efforts visibles pour ne pas laisser tomber la
conversation. L'indolent ne s'aperçoit pas que
lui-même ne parle point ; il ne sent pas qu'il
pèse à cette jeune femme ; il s'enfonce dans
son fauteuil, où il est à son aise, où il s'oublie

et n'imagine pas qu'il y ait au monde quelqu'un qui s'ennuie, pendant qu'un homme qui l'attend chez lui, et auquel il a donné heure pour finir une affaire, ne peut comprendre ce qui le retarde. De retour chez soi, on lui dit que cet homme a fort attendu et s'en est enfin allé. Il répond qu'il n'y a pas grand mal, et dit qu'on le fasse souper.

22. — HORACE, OU L'ENTHOUSIASTE.

Horace se couche au point du jour et se lève quand le soleil est déjà un peu sur son déclin. Les rideaux de sa chambre demeurent fermés jusqu'à ce que la nuit approche. Il lit quelquefois aux flambeaux pendant le jour, afin d'être plus recueilli; et la tête échauffée par sa lecture, il lui arrive de quitter son livre, de parler seul, et de prononcer des paroles qui n'ont aucun sens. On l'a vu autrefois à Rome pendant les chaleurs de l'été, se promener toute la nuit sur des ruines, ou s'asseoir parmi des tombeaux, et interroger ses débris. On l'a vu aussi à des bals s'attacher quelquefois à un masque qui ne parlait point, et se rendre amoureux de ce silence, qu'il interprétait follement; car Horace est l'homme du monde dont l'imagination va le plus vite, et son esprit prompt et fertile sait prêter aux êtres muets toutes les passions qui l'animent. Une autre fois, sur ce qu'il entend dire qu'un ministre a parlé librement au prince en faveur de quelque innocent, Horace lui écrit avec transport, et le félicite au nom des peuples d'une belle action qu'il n'a pas faite. On lui reproche ses extravagances, et il les avoue. Il se raconte lui-même si naïvement qu'on lui pardonne sans aucune peine ses folles singularités. Il parle même quelquefois avec tant de sens, de justesse et de véhémence, qu'on est malgré soi entraîné. Sa forte éloquence lui fait prendre de l'ascendant sur les esprits. Ceux qui se sont moqués de ses chimères, deviennent très-souvent ses prosélytes, et, plus enthousiastes que lui, ils répandent ses sentiments et sa folie.

23. — THÉOPHILE, OU LA PROFONDEUR.

Théophile a été touché dès sa jeunesse d'une forte curiosité de connaître le genre humain et le différent caractère des nations. Poussé par ce puissant instinct, et peut-être aussi par l'erreur de quelque ambition plus secrète, il a consumé ses beaux jours dans l'étude et dans les voyages, et sa vie, toujours laborieuse, a toujours été agitée. Son esprit perçant et actif a tourné son application du côté des grandes affaires et de l'éloquence solide. Il est simple dans ses paroles, mais hardi et fort. Il parle quelquefois avec une liberté qui ne lui peut nuire, et qui écarte cependant la défiance de l'esprit d'autrui. Il paraît d'ailleurs comme un homme qui ne cherche point à pénétrer les autres, mais qui suit la vivacité de son humeur. Quand il veut faire parler un homme froid, il le contredit quelquefois pour l'animer; et si celui-ci dissimule, sa dissimulation et son silence parlent à Théophile; car il sait quelles sont les choses que l'on cache, tant il est difficile de lui échapper. Il tourne, il manie un esprit, il le feuillette, si j'ose ainsi dire, comme on discute un livre qu'on a sous les yeux et qu'on ouvre à divers endroits. Théophile ne fait jamais ni fausses démarches ni discours frivoles, ni préparations inutiles. Aussi a-t-il l'art d'abréger les affaires les plus contentieuses et les négociations les plus difficiles. Tous ceux qui l'entendent parler se confient aussitôt à lui, parce qu'ils se flattent d'abord de le connaître. Sa simplicité leur en impose; son esprit profond ne peut être ainsi mesuré. La force et la droiture de son jugement lui suffisent pour pénétrer les autres hommes, mais il échappe à leur curiosité sans artifice. Par la seule étendue de son génie, Théophile est la preuve que l'habileté n'est pas uniquement un art, comme les hommes faux se le figurent, et que la supériorité d'esprit nous cache bien plus sûrement que la finesse ou que la dissimulation, toujours inutiles au fourbe contre la prudence.

24. — CLÉON, OU LA FOLLE AMBITION.

Cléon a passé sa jeunesse dans l'obscurité, entre la vertu et le crime. Vivement occupé de sa fortune avant de se connaître, et plein de projets chimériques, il se repaissait de ces songes dans un âge mûr. Son naturel ardent et mélancolique ne lui permettait pas de se distraire de cette sérieuse folie; il comprenait à peine que les autres hommes pussent être touchés par d'autres biens, et s'il voyait des gens qui allaient à la campagne dans l'automne pour

jouir des présents de la nature, il ne leur en-
viait ni leur gaieté, ni leur bonne chère, ni
leurs plaisirs; pour lui il ne se promenait
point, il ne chassait point, il ne faisait nulle
attention au changement des saisons. Le printemps n'avait à ses yeux aucune grâce. S'il al-
lait quelquefois à la campagne, c'était pendant la plus grande rigueur de l'hiver, afin
d'être seul et de méditer plus profondément
quelque chimère. Il était triste, inquiet, rêveur,
extrême dans ses espérances et dans ses
craintes, immodéré dans ses chagrins et dans
ses joies; peu de chose abattait son esprit violent, et le moindre succès le retenait. Si quelque lueur de fortune le flattait de loin, alors
il devenait plus solitaire, plus distrait et plus
taciturne; il ne dormait plus, il ne mangeait
point; la joie consumait ses entrailles, comme
un feu ardent qu'il portait au fond de lui-
même. A cette ambition effrénée il joignait
quelque humanité et quelque bonté naturelle.
Ayant rencontré à Venise un Suédois autrefois riche, alors misérable et proscrit, le cœur
de Cléon fut ému; et comme il venait de gagner au jeu cent ducats, il dit en lui-même: *Il
n'y a qu'une heure que je n'avais pas besoin de cet argent*, et il le donna aussitôt à ce Suédois, qui,
touché de cette noblesse, ne put retenir quelques larmes que lui arrachaient la mémoire et
le déplaisir de ses fautes; mais Cléon d'un
air inspiré: « Auriez-vous, dit-il, le courage de
tuer un homme dont la mort importe à l'État
et pourrait finir vos misères? » L'étranger
pâlit, et Cléon, qui observait alors son visage:
Je vois bien, dit-il que la seule pensée du

crime vous effraye. Je vous estime plus de cette
délicatesse dans une si grande adversité, que
je n'estime les vertus d'un homme heureux.
Vous êtes humain dans la pauvreté, et vous
préférez l'innocence à la fortune. Puissiez-
vous fléchir sa rigueur ! » En achevant ces
mots, il le quitta brusquement, et partit de
Venise sans l'avoir revu, laissant cet étranger dans une grande incertitude de ses sentiments, qui n'étaient pas même connus de
ses plus intimes amis; car la médiocrité de
sa fortune l'ayant obligé de cacher l'étendue de
son ambition, son sérieux ardent et austère
passait pour sagesse; tant les hommes sont
peu capables de se concevoir les uns les autres.

25. — TURNUS, OU LE CHEF DE PARTI.

Turnus est le médiateur et en quelque sorte
le centre de ceux qui, par le caractère de leurs
sentiments, ou par la disposition de leur fortune, ont besoin d'un milieu qui les rapproche
et qui concilie leurs esprits. Deux hommes
qui ne se comprennent point trouvent tous
les deux près de lui la justice qu'ils se refusent et l'estime qui leur est due. Sans sortir
de son caractère, il se prête aisément à tous,
et sait supporter les défauts de ceux qui lui
sont attachés. Il estime les hommes selon
leur courage et la force de leur caractère. Il
préfère les sages à ceux qui n'ont que de l'esprit, et les jeunes gens ambitieux aux vieillards qui n'ont que de la sagesse; parce que
la jeunesse est plus agissante, plus hardie

dans ces espérances, et plus sincère dans ses
affections. Quiconque a de la résolution peut
se jeter avec confiance entre ses bras. Il sert
ses amis dans leurs peines, dans l'opprobre
et dans les plaisirs. Son humanité, ses services
et son éloquence ingénue lui assujétissent
les cœurs; il s'arrête un seul jour dans une
ville, il s'y fait dans ce peu de temps des
créatures et des partisans passionnés. Quelques-uns abandonnent leur province, dans la
seule espérance de le retrouver et d'en être
protégés dans la capitale. Ils ne sont pas
trompés dans leur attente : Turnus les reçoit
parmi ses amis, et il leur tient lieu de patrie.
Il ne ressemble pas à ceux qui, capables par
vanité et par industrie de se faire des créatures, les perdent par paresse ou par incons-
tance; qui promettent toujours plus qu'ils ne
tiennent, et blessent sans retour ceux qu'ils
abusent ou qu'ils n'ont servis qu'à demi.
Comme il ne cultive pas les hommes sans dessein, il ne les néglige jamais par légèreté. La
réputation de ses vertus et ses insinuations
lui ont concilié un très-grand nombre de ces
hommes sages qui ont toujours de l'autorité
dans le public, quoiqu'ils n'occupent pas les
premières places. Si les ennemis de Turnus
répandent qu'il trame un dessein contre la
république, ceux-ci se rendent garants de son
innocence, sollicitent pour lui quand il est ac-
cusé, et détournent contre ses délateurs l'in-
dignation publique. Il s'est fait d'ailleurs à la
guerre une haute réputation qui orne ses autres vertus; car il a compris de bonne heure
que ceux qui commandaient avec succès dans

les armées, éclipsaient aisément les politiques, et faisaient tomber leur crédit, et de plus, il n'ignore pas que l'on ne peut rien entreprendre d'extraordinaire sans faire la guerre. Mais malgré le nom qu'il s'y est fait, les plus vils citoyens sont moins modestes et moins populaires, et l'on ne rencontre que lui dans les places, sous les portiques et dans les plus humbles maisons. Ainsi, sans orgueil et sans faste, il est à la tête d'un parti puissant, avant que ceux qui le composent sachent eux-mêmes que c'est un parti. Aucun n'a son secret ; mais il est sûr de tous, et lorsqu'il sera temps d'agir, nul ne manquera à son chef, à son bienfaiteur, à son ami ; et si cependant la fortune, qui peut tout contre la prudence, fait qu'il est prévenu dans ses desseins, il avoue la plupart des faits qu'on lui impute, et les justifie par les lois ou par la force de son éloquence. Ses juges sont étonnés de sa sécurité et attendris de ses discours. La cabale qui veut sa perte n'ose le laisser reparaître ni l'interroger en public. Quoiqu'il soit convaincu d'avoir attenté contre la liberté, on est obligé de le faire mourir secrètement, et le peuple qui l'adorait demeure persuadé de son innocence.

26. — LENTULUS, OU LE FACTIEUX.

Lentulus se tient renfermé dans le fond d'un vaste édifice qu'il a fait bâtir, et où son âme austère s'occupe en secret de projets ambitieux et téméraires. Là, il travaille le jour et la nuit pour tendre des piéges à ses ennemis, pour éblouir le peuple par des écrits, et

amuser les grands par des promesses. Sa
maison quelquefois est pleine de gens incon-
nus, qui attendent pour lui parler, qui vont,
qui viennent; on les voit fort souvent entrer
la nuit dans son appartement; et en sortir un
peu devant l'aurore. Lentulus fait des asso-
ciations avec des grands qui le haïssent, pour
se soutenir contre d'autres grands dont il est
craint. Il tient aux plus puissants par ses al-
liances, par ses charges et par ses menées.
Quoiqu'il soit né fier, impérieux et peu abor-
dable, il ne néglige pourtant pas le peuple; il
lui donne des fêtes et des spectacles, et lorsqu'il se montre dans les rues, il fait jeter l'argent autour de sa litière, et ses émissaires,
postés en différents endroits sur son passage,
excitent la canaille à l'applaudir. Ils l'excu-
sent de ne pas se montrer plus souvent, sur
ce qu'il est trop occupé des besoins de la république, et qu'un travail sévère et sans relâche
ne lui laisse aucun jour de libre. Il est en effet surchargé par la diversité et la multitude
des affaires qui l'appliquent, et ces occupations laborieuses le suivent partout; car
même à l'armée, où il y a tant de distractions
inévitables, les troupes le voient rarement;
et pendant qu'il est obsédé de ses créatures,
qu'il donne des ordres ou qu'il médite des intrigues, le soldat murmure de ne pas le voir,
et blâme ce genre de vie trop austère. Lentulus emploie sa retraite à traverser secrètement les entreprises du consul, qui commande
en chef; et il fait si bien, que le pain, le fourrage, et même l'argent manquent au quartier
général, pendant que tout abonde dans son pro-

pre camp. S'il arrive alors que les troupes de la république reçoivent quelque échec de l'ennemi, aussitôt les courriers de Lentulus font retentir la capitale de ses plaintes contre le consul. Le peuple s'assemble dans les places par pelotons, et les créatures de Lentulus ont grand soin de lire des lettres par lesquelles il paraît qu'il a sauvé l'armée d'une entière défaite. Toutes les gazettes répètent les mêmes bruits et tous les nouvellistes sont payés d'avance pour les confirmer. Le consul est forcé d'envoyer des mémoires pour justifier sa conduite contre les artifices de son ennemi. Celui qu'il a chargé de cette affaire, qui est un homme instruit et hardi, arrive dans la capitale où il est attendu avec impatience, et on s'attend qu'il révélera bien des mystères ; mais le lendemain, le sénat s'étant extraordinairement assemblé, on vient lui annoncer que cet envoyé a été trouvé mort dans son lit, et qu'on a détourné tous ses papiers. Les gens de bien, consternés, gémissent secrètement de cet attentat ; mais les partisans de Lentulus en triomphent publiquement, et la république est menacée d'une horrible servitude.

27. — CLODIUS, OU LE SÉDITIEUX.

Clodius assemble chez lui une troupe de libertins et de jeunes gens accablés de dettes. Le sénat a fait une loi pour réprimer le luxe de ces jeunes gens, et l'énormité des emprunts. Clodius leur dit : Mes amis, pouvez-vous souffrir la rigueur, la hauteur et la dureté d'un gouvernement si austère? On défend aux uns les plaisirs, on ferme aux autres les chemins de la fortune, on s'efforce d'anéantir le courage et l'esprit de tous, en tenant sous des lois étroites leur génie captif; et cette servitude de chaque particulier; on ose la nommer liberté publique. Mes amis, on hait les tyrans qui veulent régner par la force; et qu'importe d'être l'esclave des hommes ou des lois, quand les lois sont plus tyranniques que ceux qui les violent? Est-ce à nous à subir le joug de quelques vieillards languissants? La nature aurait-elle fait les faibles pour l'autorité, et les forts pour leur obéir? Les faibles ne sont point à plaindre dans la dépendance des forts; mais les forts ne peuvent souffrir la servitude sans une insupportable violence. Donnons à ce peuple abattu quelque exemple qui le réveille; les ambitieux sont l'âme des corps politiques; le repos en est la langueur.... Ainsi s'explique Clodius avec se amis; quand il est avec des personnes qui l'obligent à plus de retenue, il leur dit qu'on fait bien de réprimer le vice, mais qu'il faut avoir attention que le remède qu'on y apporte ne soit pas lui-même un plus grand mal. La vertu, dit-il, est aimable par elle-même; que sert d'employer la force pour la persuader? La force est toujours odieuse, quelque juste qu'en soit le motif. Voyez, dit-il encore, la diversité que la nature a mise entre les hommes : est-il juste d'assujétir à la même règle tant de différents caractères? Peut-on obliger tous les hommes à marcher dans la même voie? et faut-il tenir la nature prosternée sous un joug si rude? Tels sont

les discours les plus modérés de Clodius.
Mais, s'il se forme un parti dans la république
qui ne tend rien moins qu'à sa ruine il excite
les conjurés à l'avancer, et leur dit qu'il faut
que tout change; que c'est une fatalité iné-
vitable; que les opinions et les mœurs qui
dépendent des opinions, les hommes en place
et les lois qui dépendent des hommes en
place, les bornes des États et leur puissance,
l'intérêt des États voisins, tout varie nécessairement; et, dit-il, de ces changements il
n'y en a aucun qui ne se fasse par la force,
car la séduction et l'artifice ne méritent pas
moins ce nom que la violence déclarée et
manifeste. Mes amis, continue-t-il, qui peut
retenir vos courages? craignez-vous de troubler la paix de la patrie? Quelle paix, qui avilit les hommes dans un misérable esclavage!
Estimez-vous tant le repos? et la guerre est-
elle plus rude que la servitude? Ainsi Clodius
met tout en feu par ses discours séditieux,
et cause de si grands désordres dans la république qu'on ne peut y remédier que par
sa perte.

28. — L'ORATEUR CHAGRIN.

Celui qui n'est connu que par les lettres,
n'est pas infatué de cette gloire s'il est ambitieux. Bien loin de vouloir faire entrer les
jeunes gens dans sa propre carrière, il leur
montre lui-même une route plus noble, s'ils
osent la suivre. Le riche insolent, leur dit-il,
méprise les talents les plus sublimes, et le
vertueux ignorant ne les connaît pas... o

mes amis! pendant que des hommes médiocres exécutent de grandes choses, ou par un
instinct particulier, ou par la faveur des
occasions, voulez-vous vous réduire à les
écrire? Si vous faites attention aux hommages qu'on met aux pieds d'un homme que le
prince élève à un poste, croirez-vous qu'il y
ait des louanges pour un écrivain, qui approchent de ces respects? Qui ne peut aider la
vertu, ni punir le crime, ni venger l'injure
du mérite, ni confondre l'orgueil des riches,
se contentera-t-il d'un peu d'estime? Il appartient à un artisan d'être enivré de régner
au barreau, ou sur nos théâtres, ou dans les
écoles des philosophes; mais vous qui aspi-
rez à la gloire, pouvez-vous la mettre à ce
prix? Regardez de près, mes amis : celui qui
a gagné des batailles, qui a repoussé l'ennemi des frontières qu'il ravageait, et donné
aux peuples l'espérance d'une paix glorieuse,
s'il fait tout à coup disparaître la réputation
des ministres et le faste des favoris, qui dai-
gnera encore jeter les yeux sur vos poëtes et
vos philosophes? Mes amis, ce n'est point par
des paroles qu'on peut s'élever sur les ruines
de l'orgueil des grands, et forcer l'hommage
du monde, c'est par la vertu et l'audace,
c'est par le sacrifice de la santé et des plaisirs; c'est par le mépris du danger. Celui qui
compte sa vie pour quelque chose, ne doit
pas prétendre à la gloire. Ainsi parle un esprit chagrin que la réputation des lettres ne
peut satisfaire. Il parut quelquefois chercher
à s'affermir lui-même contre les déplaisirs de
son état, et combattre avec violence. C'est

peu, mes amis, reprend-il, de souffrir d'extrêmes besoins et d'être privé des plaisirs. Quel
est celui qui a été pauvre et qui a évité le
mépris? Qui n'a pas été opprimé par les puissants, moqué par les faibles, fui et abandonné par tous les hommes? A-t-on estimé
ses talents? a-t-on fait attention à sa vertu?
La nécessité l'a tenté, l'infortune l'a avili, et
le sort s'est joué de sa prudence; toutefois ni
l'adversité, ni la honte, ni la misère, ni ses
fautes, s'il en a faites, ni l'injustice de ses
ennemis ne lui ont ôté son courage. Qui voudrait être riche mais avare, respecté mais
faible, craint mais haï? Mais qui voudrait
être pauvre avec de la vertu et du courage?

Celui qui peut vivre sans crime, et qui sait
oser et souffrir, sait aussi se passer de la fortune qu'il a méritée : les heureux et les in-
sensés pourront insulter sa misère; mais l'injure de la fortune de la folie ne saurait flétrir
la vertu. L'injure est l'opprobre du fort qui
abuse des dons du hasard, et l'arme du lâche
insolent.... Ces discours d'un esprit inquiet
qui s'est fait un nom par les lettres, échauf-
fent l'esprit des jeunes gens prompts à s'en-
flammer; mais la fortune laisse rarement
aux hommes le choix de leurs vertus et de
leur travail.

RÉFLEXIONS CRITIQUES

SUR QUELQUES POËTES

---

1. — LA FONTAINE. — Lorsqu'on a entendu parler de La Fontaine, et qu'on vient de lire ses ouvrages, on est étonné d'y trouver, je ne dis pas plus de génie, mais même de ce qu'on appelle d'esprit, qu'on n'en trouve dans le monde le plus cultivé. On remarque avec la même surprise la profonde intelligence qu'il fait paraître de son art; et on admire qu'un esprit si fin ait été en même temps si naturel.

Il serait superflu de s'arrêter à louer l'harmonie variée et légère de ses vers; la grâce, le tour, l'élégance, les charmes naïfs de son style et de son badinage. Je remarquerai seulement que le bon sens et la simplicité sont les caractères dominants de ses écrits. Il est bon d'opposer un tel exemple à ceux qui cherchent la grâce et le brillant hors de la raison et de la nature. La simplicité de La Fontaine donne de la grâce à son bon sens, et son bon sens rend sa simplicité piquante : de sorte que le brillant de ses ouvrages naît peut-être essentiellement de ces deux sources réunies. Rien n'empêche au moins de le croire; car pourquoi le bon sens, qui est un don de la nature, n'en aurait-il pas l'agrément? La raison ne déplait, dans la plupart des hommes, que parce qu'elle leur est étrangère. Un bon sens naturel est presque inséparable d'une grande simplicité; et une simplicité éclairée est un charme que rien n'égale.

Je ne donne pas ces louanges aux grâces d'un homme si sage, pour dissimuler ses défauts. Je crois qu'on peut trouver dans ses écrits plus de style que d'invention, et plus de négligence que d'exactitude. Le nœud et le fond de ses contes ont peu d'intérêt, et les sujets en sont bas. On y remarque quelquefois bien des longueurs, et un air de crapule qui ne saurait plaire. Ni cet auteur n'est parfait en ce genre, ni ce genre n'est assez noble.

2. — BOILEAU. — Boileau prouve, autant par son exemple que par ses préceptes, que toutes les beautés des bons ouvrages naissent de la vive expression et de la peinture du vrai; mais cette expression si touchante appartient moins à la réflexion, sujette à l'erreur, qu'à un sentiment très-intime et très-fidèle de la nature. La raison n'était pas distincte, dans Boileau, du sentiment : c'était son instinct. Aussi a-t-elle animé ses écrits de cet intérêt qu'il est si rare de rencontrer dans les ouvrages didactiques.

Cela met, je crois, dans son jour, ce que je viens de toucher en parlant de La Fontaine. S'il n'est pas ordinaire de trouver de l'agrément parmi ceux qui se piquent d'être raisonnables, c'est peut-être parce que la raison est entrée dans leur esprit, où elle n'a qu'une vie artificielle et empruntée; c'est parce qu'on honore trop souvent du nom de raison une certaine médiocrité de sentiment et de génie, qui assujétit les hommes aux lois de l'usage, et les détourne des grandes hardiesses, sources ordinaires des grandes fautes.

Boileau ne s'est pas contenté de mettre de la vérité et de la poésie dans ses ouvrages;

il a enseigné son art aux autres. Il a éclairé tout son siècle; il en a banni le faux goût autant qu'il est permis de le bannir chez les hommes. Il fallait qu'il fût né avec un génie bien singulier, pour échapper, comme il a fait, aux mauvais exemples de ses contemporains, et pour leur imposer ses propres lois. Ceux qui bornent le mérite de sa poésie à l'art et à l'exactitude de sa versification, ne font pas peut-être attention que ses vers sont pleins de pensées, de vivacité, de saillies, et même d'invention de style. Admirable dans la justesse, dans la solidité et la netteté de ses idees, il a su conserver ces caractères dans ses expressions, sans perdre de son feu et de sa force; ce qui témoigne incontestablement un grand talent.

Je sais bien que quelques personnes, dont l'autorité est respectable, ne nomment génie dans les poètes que l'invention dans le dessein de leurs ouvrages. Ce n'est, disent-ils, ni l'harmonie, ni l'élégance des vers, ni l'imagination dans l'expression, ni même l'expression du sentiment, qui caractérisent le poète. ce sont, à leur avis, les pensées mâles et hardies, jointes à l'esprit créateur. Par là on prouverait que Bossuet et Newton ont été les plus grands poètes de la terre; car certainement l'invention, la hardiesse et les pensées mâles ne leur manquaient pas. J'ose leur répondre que c'est confondre les limites des arts, que d'en parler de la sorte. J'ajoute que les plus grands poètes de l'antiquité, tels qu'Homère, Sophocle, Virgile, se trouveraient confondus avec une foule d'écrivains médiocres, si on ne jugeait d'eux que par le plan de leur poëmes et par l'inventiondu dessein; et non par l'invention du style, par leur harmonie, par la chaleur de leur versification, et enfin par la vérité de leurs images.

Si l'on est donc fondé à reprocher quelque défaut à Boileau, ce n'est pas à ce qu'il me semble, le défaut de génie. C'est au contraire d'avoir eu plus de génie que d'étendue ou de profondeur d'esprit, plus de feu et de vérité que d'élévation et de délicatesse, plus de solidité et de sel dans la critique que de finesse ou de gaieté, et plus d'agrément que de grâce : on l'attaque encore sur quelques-uns de ses jugements qui semblent injustes ; et je ne prétends pas qu'il fût infaillible.

3. — CHAULIEU. — Chaulieu a su mêler avec une simplicité noble et touchante, l'esprit et le sentiment. Ses vers négligés, mais faciles et remplis d'imagination, de vivacité et de grâce, m'ont toujours paru supérieurs à sa prose, qui n'est le plus souvent qu'ingé.ieuse. On ne peut s'empêcher de regretter qu'un auteur si aimable n'ait pas plus écrit, et n'ait pas travaillé avec le même soin tous ses ouvrages.

Quelque différence que l'on ait mise, avec beaucoup de raison, entre l'esprit et le génie, il semble que le génie de l'abbé de Chaulieu ne soit essentiellement que beaucoup d'esprit naturel. Cependant il est remarquable que tout cet esprit n'a pu faire d'un poëte, d'ailleurs si aimable, un grand homme ni un grand génie.

4. — MOLIÈRE. — Molière me paraît un peu répréhensible d'avoir pris des sujets trop bas. La Bruyère, animé à peu près du même génie, a peint avec la même vérité et la même véhémence que Molière, les travers des hommes ; mais je crois que l'on peut trouver plus d'éloquence et plus d'élévation dans ses peintures.

On peut mettre encore ce poëte en parallèle avec Racine. L'un et l'autre ont parfaitement connu le cœur de l'homme ; l'un et l'autre se sont attachés à peindre la nature. Racine la saisit dans les passions des grandes âmes; Molière dans l'humeur et les bizarreries des gens du commun. L'un a joué avec un agrément inexplicable les petits sujets; l'autre a traité les grands avec une sagesse et une majesté touchantes. Molière a ce bel avantage que ses dialogues jamais ne languissent : une forte et continuelle imitation des mœurs passionne ses moindres discours. Cependant, à considérer simplement ces deux auteurs comme poëtes, je crois qu'il ne serait pas juste d'en faire comparaison. Sans parler de la supériorité du genre sublime donné à Racine, on trouve dans Molière tant de négligences et d'expressions bizarres et impropres, qu'il y a peu de poëtes, si j'ose le dire, moins corrects et moins purs que lui.

On peut se convaincre de ce que je dis en lisant le poëme du *Val-de-Grâce*, où Molière n'est que poëte : on n'est pas toujours satisfait. « En pensant bien, il parle souvent mal, dit l'illustre archevêque de Cambrai (*Lettre sur l'éloquence*, page 362). Il se sert des phrases les plus forcées et les moins naturelles. Térence dit en quatre mots, et avec la plus élégante simplicité, ce que celui-ci ne dit qu'avec une multitude de métaphores qui approchent du galimatias. J'aime bien mieux sa prose que ses vers, etc. »

Cependant l'opinion commune est qu'aucun des auteurs de notre théâtre n'a porté aussi loin son genre que Molière a poussé le sien; et la raison en est, je crois, qu'il est plus naturel que tous les autres.

C'est une leçon importante pour tous ceux qui veulent écrire.

5, 6. — CORNEILLE et RACINE. — Je dois à la lecture des ouvrages de M. de Voltaire le peu de connaissance que je puis avoir de la

poésie. Je lui proposai mes idées, lorsque
j'eus envie de parler de Corneille et de Racine; et il eut la bonté de me marquer les
endroits de Corneille qui méritent le plus
d'admiration, pour répondre à une critique
que j'en avais faite. Engagé par là à relire ses
meilleures tragédies, j'y trouvai sans peine les
rares beautés que m'avait indiquées M. de
Voltaire. Je ne m'y étais pas arrêté en lisant
autrefois Corneille, refroidi ou prévenu par
ses défauts, et né, selon toute apparence,
moins sensible au caractère de ses perfections.
Cette nouvelle lumière me fit craindre de
m'être trompé encore sur Racine et sur les
défauts mêmes de Corneille; mais ayant relu
l'un et l'autre avec quelque attention, je n'ai
pas changé de pensée à cet égard ; et voici
ce qu'il me semble de ces hommes illustres.

Les héros de Corneille disent souvent de
grandes choses sans les inspirer : ceux de
Racine les inspirent sans les dire. Les uns
parlent, et toujours trop, afin de se faire connaître ; les autres se font connaître parce
qu'ils parlent. Surtout Corneille paraît ignorer que les grands hommes se caractérisent
souvent davantage par les choses qu'ils ne
disent pas que par celles qu'ils disent.

Lorsque Racine veut peindre Acomat, Osmin l'assure de l'amour des janissaires; ce
visir répond :

> Quoi ! tu crois, cher Osmin, que ma gloire passée
> Flatte encor leur valeur, et vit dans leur pensée?
> Crois-tu qu'ils me suivraient encore avec plaisir,
> Et qu'ils reconnaîtraient la voix de leur visir?

On voit dans les deux premiers vers un général disgracié, que le souvenir de sa gloire
et l'attachement des soldats attendrissent
sensiblement; dans les deux derniers, un rebelle qui médite quelque dessein : voilà

comme il échappe aux hommes de se caractériser sans en avoir l'intention. On en trouverait dans Racine beaucoup d'exemples plus
sensibles que celui-ci. On peut voir, dans la
même tragédie, que lorsque Roxane, blessée
des froideurs de Bajazet, en marque son
étonnement à Athalide et que celle-ci pro-
teste que ce prince l'aime, Roxane répond
brièvement :

Il y va de sa vie, au moins, que je le croie.

Ainsi cette sultane ne s'amuse point à dire :
« Je suis d'un caractère fier et violent. J'aime
avec jalousie et avec fureur. Je ferai mourir
Bajazet s'il me trahit. » Le poëte tait ces
détails qu'on pénètre assez d'un coup d'œil,
et Roxane se trouve caractérisée avec plus
de force. Voilà la manière de peindre de
Racine : il est rare qu'il s'en écarte; et j'en
rapporterais de grands exemples, si ses ouvrages étaient moins connus.

Il est vrai qu'il la quitte un peu, par exemple, lorsqu'il met dans la bouche du même
Acomat :

Et, s'il faut que je meure,
Mourons ; moi, cher Osmin, comme un visir ; et toi,
Comme le favori d'un homme tel que moi.

Ces paroles ne sont peut-être pas d'un
grand homme; mais je les cite, parce qu'elles
semblent imitées du style de Corneille; c'est
là ce que j'appelle, en quelque sorte, parler
pour se faire connaître, et dire de grandes
choses sans les inspirer.

Mais écoutons Corneille même, et voyons
de quelle manière il caractérise ses personnages : c'est le comte qui parle dans le *Cid* :

Les exemples vivants sont d'un autre pouvoir ;
Un prince, dans un livre, apprend mal son devoir.

Et qu'a fait, après tout, ce grand nombre d'années,
Que ne puisse égaler une de mes journées ?
Si vous fûtes vaillant, je le suis aujourd'hui ;
Et ce bras du royaume est le plus ferme appui.
Grenade et l'Aragon tremblent quand ce fer brille
Mon nom sert de rempart à toute la Castille ;
Sans moi vous passeriez bientôt sous d'autres lois,
Et vous auriez bientôt vos ennemis pour rois.
Chaque jour, chaque instant, pour rehausser ma gloire
Met lauriers sur lauriers, victoire sur victoire.
Le prince à mes côtés ferait, dans les combats,
L'essai de son courage à l'ombre de mon bras ;
Il apprendrait à vaincre en me regardant faire, etc.

Il n'y a peut-être personne aujourd'hui, qu
ne sente la ridicule ostentation de ces paro
les, et je crois qu'elles ont été citées long
temps avant moi. Il faut les pardonner au
temps où Corneille a écrit, et aux mauvai
exemples qui l'environnaient. Mais voici d'au
tres vers qu'on loue encore, et qui n'étant pa
aussi affectés sont plus propres, par cet en
droit même, à faire illusion. C'est Cornélie
veuve de Pompée, qui parle à César :

César ; car le destin que dans tes fers je brave,
M'a fait ta prisonnière, et non pas ton esclave ;
Et tu ne prétends pas qu'il m'abatte le cœur,
Jusqu'à te rendre hommage, et te nommer seigneur
De quelque rude trait qu'il m'ose avoir frappée,
Veuve du jeune Crasse et veuve de Pompée,
Fille de Scipion, et pour te dire plus,
Romaine, mon courage est encore au-dessus, etc.

Je te l'ai déjà dit, César, je suis Romaine :
Et quoique ta captive, un cœur comme le mien,
De peur de s'oublier, ne te demande rien.
Ordonne, et sans vouloir qu'il tremble ou s'humilie,
Souviens-toi seulement que je suis Cornélie.

Et dans un autre endroit où la même Cor
nélie parle de César, qui punit les meurtrier
du grand Pompée :

Tant d'intérêts sont joints à ceux de mon époux
Que je ne devrais rien à ce qu'il fait pour nous,

Si, comme par soi-même, un grand cœur juge un autre,
Je n'aimais mieux juger sa vertu par la nôtre ;
Et croire que nous seuls armons ce combattant,
Parce qu'au point qu'il est, j'en voudrais faire autant

« Il me paraît, dit encore Fénelon, dans sa Lettre déjà citée, page 353, qu'on a donné souvent aux Romains un discours trop fastueux... Je ne trouve point de proportion entre l'emphase avec laquelle Auguste parle dans la tragédie de *Cinna*, et la modeste simplicité avec laquelle Suétone le dépeint dans tout le détail de ses mœurs. Tout ce que nous voyons dans Tite-Live, dans Plutarque, dans Cicéron, dans Suétone, nous représente les Romains comme des hommes hautains dans leurs sentiments, mais simples, naturels et modestes dans leurs paroles, etc. »

Cette affectation de grandeur que nous leur prêtons, m'a toujours paru le principal défaut de notre théâtre, et l'écueil ordinaire des poëtes. Je n'ignore pas que la hauteur est en possession d'en imposer à l'esprit humain; mais rien ne décèle plus parfaitement aux esprits fins une hauteur fausse et contrefaite, qu'un discours fastueux et emphatique.

Il est aisé d'ailleurs aux moindres poëtes, de mettre dans la bouche de leurs personnages des paroles fières. Ce qui est difficile, c'est de leur faire tenir ce langage hautain avec vérité et à propos. C'était le talent admirable de Racine, et celui qu'on a le moins remarqué dans ce grand homme. Il y a toujours si peu d'affectation dans ses discours, qu'on ne s'aperçoit pas de la hauteur qu'on y rencontre. Ainsi lorsque Agrippine, arrêtée par l'ordre de Néron, et obligée de se justifier, commence par ces mots simples :

Approchez-vous, Néron, et prenez votre place.
On veut sur vos soupçons que je vous satisfasse, etc.

Je ne crois pas que beaucoup de personnes fassent attention qu'elle commande en quelque manière à l'empereur de s'approcher et de s'asseoir, elle qui était réduite à rendre compte de sa vie, non à son fils, mais à son maître. Si elle eût dit comme Cornélie :

Néron ; car le destin que dans tes fers je brave,
M'a fait ta prisonnière, et non pas ton esclave ;
Et tu ne prétends pas qu'il m'abatte le cœur,
Jusqu'à te rendre hommage, et te nommer seigneur,

alors je ne doute pas que bien des gens n'eussent applaudi à ces paroles, et les eussent trouvées fort élevées.

Corneille est tombée trop souvent dans ce défaut de prendre l'ostentation pour la hauteur, et la déclamation pour l'éloquence ; et ceux qui se sont aperçus qu'il était peu naturel à beaucoup d'égards, ont dit, pour le justifier, qu'il s'était attaché à peindre les hommes tels qu'ils devaient être. Il est donc vrai du moins qu'il ne les a pas peints tels qu'ils étaient. C'est un grand aveu que cela. Corneille a cru donner sans doute à ses héros un caractère supérieur à celui de la nature. Les peintres n'ont pas eu la même présomption. Lorsqu'ils ont voulu peindre les anges, ils ont pris les traits de l'enfance : ils ont rendu cet hommage à la nature, leur riche modèle. C'était néanmoins un beau champ pour leur imagination ; mais c'est qu'ils étaient persuadés que l'imagination des hommes, d'ailleurs si féconde en chimères, ne pouvait donner de la vie à ses propres inventions. Si Corneille eût fait attention que tous les panégyriques étaient froids, il en aurait trouvé la cause en ce que les orateurs voulaient accommoder les hommes à leurs idées, au lieu de former leurs idées sur les hommes.

Mais l'erreur de Corneille ne me surprend point : le bon goût n'est qu'un sentiment fin et fidèle de la belle nature, et n'appartient qu'à ceux qui ont l'esprit naturel. Corneille, né dans un siècle plein d'affectation, ne pouvait avoir le goût juste. Aussi l'a-t-il fait paraître non-seulement dans ses ouvrages, mais encore dans le choix de ses modèles, qu'il a pris chez les Espagnols et les Latins, auteurs pleins d'enflure, dont il a préféré la force gigantesque à la simplicité plus noble et plus touchante des poëtes grecs.

De là ses antithèses affectées, ses négligences basses, ses licences continuelles, son obscurité, son emphase, et enfin ces phrases synonymes, où la même pensée est plus remaniée que la division d'un sermon.

De là encore ces disputes opiniâtres, qui refroidissent quelquefois les plus fortes scènes, et où l'on croit assister à une thèse publique de philosophie, qui noue les choses pour les dénouer. Les premiers personnages de ses tragédies argumentent alors avec les tournures et les subtilités de l'école, et s'amusent à faire des jeux frivoles de raisonnements et de mots, comme des écoliers ou des légistes. C'est ainsi que Cinna dit :

> Que le peuple aux tyrans ne soit plus exposé.
> S'il eût puni Sylla, César eût moins osé.

Car il n'y a personne qui ne prévienne la réponse de Maxime :

> Mais la mort de César, que vous trouvez si juste,
> A servi de prétexte aux cruautés d'Auguste.
> Voulant nous affranchir, Brute s'est abusé ;
> S'il n'eût puni César, Auguste eût moins osé

Cependant je suis moins choqué de ces subtilités, que des grossièretés de quelques scènes. Par exemple, lorsque Horace quitte Curiace, c'est-à-dire, dans un dialogue d'ailleurs admirable, Curiace parle ainsi d'abord :

> Je vous connais encore, et c'est ce qui me tue.
> Mais cette âpre vertu ne m'était point connue :
> Comme notre malheur, elle est au plus haut point;
> Souffrez que je l'admire, et ne l'imite point.

Horace, le héros de cette tragédie, lui répond :

> Non, non, n'embrassez pas de vertu par contrainte;
> Et puisque vous trouvez plus de charme à la plainte,
> En toute liberté goûtez un bien si doux.
> Voici venir ma sœur pour se plaindre avec vous.

Ici Corneille veut peindre apparemment une valeur féroce; mais la férocité s'exprime-t-elle ainsi contre un ami et un rival modeste? La fierté est une passion fort théâtrale; mais elle dégénère en vanité et en petitesse sitôt qu'elle se montre sans qu'on la provoque.

Me permettra-t-on de le dire ? il me semble que l'idée des caractères de Corneille est presque toujours assez grande; mais l'exécution en est quelquefois bien faible, et le coloris faux ou peu agréable. Quelques-uns des caractères de Racine peuvent bien manquer de grandeur dans le dessein; mais les expressions sont toujours de main de maître, et puisées dans la vérité et la nature. J'ai cru remarquer encore qu'on ne trouvait guère dans les personnages de Corneille, de ces traits simples qui annoncent une grande étendue d'esprit. Ces traits se rencontrent en foule dans Roxane, dans Agrippine, Joad, Acomat, Athalie.

Je ne puis cacher ma pensée; il était donné à Corneille de peindre des vertus austères, dures et inflexibles; mais il appartient à Racine de caractériser les esprits supérieurs, et de les caractériser sans raisonnements et sans maximes, par la seule nécessité où naissent les grands hommes d'imprimer leur caractère dans leurs expressions. Joad ne se montre jamais avec plus d'avantage que lorsqu'il parle avec une simplicité majestueuse et tendre au petit Joas, et qu'il semble cacher tout son esprit pour se proportionner à cet enfant : de même Athalie. Corneille, au contraire, se guinde souvent pour élever ses personnages ; et on est étonné que le même pinceau ait caractérisé quelquefois l'héroïsme avec des traits si naturels et si énergiques.

Que dirai-je encore de la pesanteur qu'il donne quelquefois aux plus grands hommes? Auguste, en parlant à Cinna, fait d'abord un exorde de rhéteur. Remarquez que je prends l'exemple de tous ses défauts dans les scènes les plus admirées

> Prends un siége, Cinna, prends, et sur toute chose,
> Observe exactement la loi que je t'impose ;
> Prête, sans te troubler, l'oreille à mes discours ;
> D'aucun mot, d'aucun cri, n'en interromps le cours ;
> Tiens ta langue captive ; et si ce grand silence
> A ton émotion fait trop de violence,
> Tu pourras me répondre après tout à loisir ;
> Sur ce point seulement contente mon désir.

De combien la simplicité d'Agrippine, dans *Britannicus*, est-elle plus noble et plus naturelle?

> Approchez-vous, Néron, etc.

Cependant, lorsqu'on fait le parallèle de ces deux poëtes, il semble qu'on ne convienne de l'art de Racine, que pour donner à Corneille l'avantage du génie. Qu'on emploie cette distinction pour marquer le caractère d'un faiseur de phrases, je la trouverai raisonnable ; mais lorsqu'on parle de l'art de Racine, l'art qui met toutes les choses à leur place, qui caractérise les hommes, leurs passions, leurs mœurs, leur génie ;

qui chasse les obscurités, les superfluités, les faux brillants; qui peint la nature avec feu, avec sublimité et avec grâce; que peut-on penser d'un tel art, si ce n'est qu'il est le génie des hommes extraordinaires, et l'original même de ces règles que les écrivains sans génie embrassent avec tant de zèle et avec si peu de succès? Qu'est-ce dans la *Mort de César*, que l'art des harangues d'Antoine, si ce n'est le génie d'un esprit supérieur, et celui de la vraie éloquence?

C'est le défaut trop fréquent de cet art qui gâte les plus beaux ouvrages de Corneille. Je ne dis pas que la plupart de ses tragédies ne soient très-bien imaginées et très-bien conduites. Je crois même qu'il a connu mieux que personne l'art des situations et des contrastes. Mais l'art des expressions et l'art des vers, qu'il a si souvent négligés ou pris à faux, déparent ses autres beautés. Il paraît avoir ignoré que pour être lu avec plaisir, ou même pour faire illusion à tout le monde dans la représentation d'un poëme dramatique, il fallait, par une éloquence continue, soutenir l'attention des spectateurs, qui se relâche et se rebute nécessairement quand les détails sont négligés. Il y a longtemps qu'on a dit que l'expression était la principale partie de tout ouvrage écrit en vers. C'est le sentiment des grands maîtres, qu'il n'est pas besoin de justifier. Chacun sait ce qu'on souffre, je ne dis pas à lire de mauvais vers, mais même à entendre mal réciter un bon poëme. Si l'emphase d'un comédien détruit le charme naturel de la poésie, comment l'emphase même du poëte ou l'impropriété de ses expressions ne dégoûteraient-elles pas les esprits justes, de sa fiction et de ses idées?

Racine n'est pas sans défauts. Il a mis

quelquefois dans ses ouvrages un amour faible qui fait languir son action. Il n'a pas
conçu assez fortement la tragédie. Il n'a
point assez fait agir ses personnages. On ne
remarque pas dans ses écrits autant d'énergie que d'élévation, ni autant de hardiesse
que d'égalité. Plus savant encore à faire naître la pitié que la terreur, et l'admiration que
l'étonnement, il n'a pu atteindre au tragique
de quelques poëtes. Nul homme n'a eu en
partage tous les dons. Si d'ailleurs on veut
être juste, on avouera que personne ne donna
jamais au théâtre plus de pompe, n'éleva plus
haut la parole, et n'y versa plus de douceur.
Qu'on examine ses ouvrages sans préven-
tion, quelle facilité! quelle abondance! quelle
poésie! quelle imagination dans l'expression!
Qui créa jamais une langue ou plus magnifique, ou plus simple, ou plus variée, ou
plus noble, ou plus harmonieuse et plus touchante? Qui mit jamais autant de vérité dans
ses dialogues, dans ses images, dans ses caractères, dans l'expression des passions? Serait-il trop hardi de dire que c'est le plus
beau génie que la France ait eu, et le plus
éloquent de ses poëtes?

Corneille a trouvé le théâtre vide, et a eu
l'avantage de former le goût de son siècle
sur son caractère. Racine a paru après lui, et
a partagé les esprits. S'il eût été possible de
changer cet ordre, peut-être qu'on aurait jugé
de l'un et de l'autre fort différemment.

Oui, dit-on; mais Corneille est venu le premier, et il a créé le théâtre. Je ne puis sous-
crire à cela. Corneille avait de grands modèles parmi les anciens; Racine ne l'a point
suivi : personne n'a pris une route, je ne dis
pas plus différente, mais plus opposée; personne n'est plus original à meilleur titre. Si
Corneille a droit de prétendre à la gloire des

Inventeurs, on ne peut l'ôter à Racine. Mais
si l'un et l'autre ont eu des maîtres, lequel a
choisi les meilleurs et les a le mieux imités?

On reproche à Racine de n'avoir pas donné
à ses héros le caractère de leur siècle et de
leur nation ; mais les grands hommes sont
de tous les âges et de tous les pays. On rendrait le vicomte de Turenne et le cardinal de
Richelieu méconnaissables en leur donnant
le caractère de leur siècle. Les âmes véritablement grandes ne sont telles que parce
qu'elles se trouvent en quelque manière supérieures à l'éducation et aux coutumes. Je
sais qu'elles retiennent toujours quelque
chose de l'un et de l'autre; mais le poëte
peut négliger ces bagatelles, qui ne touchent pas plus au fonds du caractère que la
coiffure ou l'habit du comédien, pour ne s'attacher qu'à peindre vivement les traits d'une
nature forte et éclairée, et ce génie élevé qui
appartient également à tous les peuples. Je
ne vois point d'ailleurs que Racine ait manqué à ces prétendues bienséances du théâtre.
Ne parlons pas des tragédies faibles de ce
grand poëte, *Alexandre, la Thébaïde, Bérénice,
Esther*, dans lesquelles on pourrait citer encore de grandes beautés. Ce n'est point par
les essais d'un auteur, et par le plus petit
nombre de ses ouvrages, qu'on en doit juger, mais par le plus grand nombre de ses
ouvrages, et par ses chefs-d'œuvre. Qu'on
observe cette règle avec Racine, et qu'on
examine ensuite ses écrits. Dira-t-on qu'Acomat, Roxane, Joad, Athalie, Mithridate, Néron, Agrippine, Burrhus, Narcisse, Clitemnes-
tre, Agamemnon, etc., n'aient pas le caractère de leur siècle, et celui que les historiens
leur ont donné? Parce que Bajazet et Xipharès ressemblent à Britannicus, parce qu'ils
ont un caractère faible pour le théâtre, quoi-

que naturel, sera-t-on fondé à prétendre que Racine n'ait pas su caractériser les hommes, lui dont le talent éminent était de les peindre avec vérité et avec noblesse?

Bajazet, Xipharès, Britannicus, caractères si critiqués, ont la douceur et la délicatesse de nos mœurs; qualités qui ont pu se rencontrer chez d'autres hommes, et n'en ont pas le ridicule, comme on l'insinue. Mais je veux qu'ils soient plus faibles qu'ils ne me paraissent : quelle tragédie a-t-on vue ou tous les personnages fussent de la même force? Cela ne se peut : Mathan et Abner sont peu considérables dans Athalie, et cela n'est pas un défaut, mais privation d'une beauté plus achevée. Que voit-on d'ailleurs de plus sublime que toute cette tragédie?

Que reprocher donc à Racine? d'avoir mis quelquefois dans ses ouvrages un amour faible, tel peut-être qu'il est déplacé au théâtre. Je l'avoue; mais ceux qui se fondent là-dessus pour bannir de la scène une passion si générale et si violente, passent, ce me semble, dans un autre excès.

Les grands hommes sont grands dans leurs amours, et ne sont jamais plus aimables. L'amour est le caractère le plus tendre de l'humanité, et l'humanité est le charme et la perfection de la nature.

Je reviens encore à Corneille, afin de finir ce discours. Je crois qu'il a connu mieux que Racine le pouvoir des situations et des contrastes. Ses meilleures tragédies, toujours fort au-dessous, par l'expression, de celles de son rival, sont moins agréables à lire, mais plus intéressantes quelquefois dans la représentation, soit par le choc des caractères, soit par l'art des situations, soit par la grandeur des intérêts. Moins intelligent que Racine, il concevait peut-être moins profondément, mais plus fortement ses sujets. Il n'était ni si grand poëte, ni si éloquent; mais il s'exprimait quelquefois avec une grande énergie. Personne n'a des traits plus élevés et plus hardis; personne n'a laissé l'idée d'un dialogue si serré et si véhément; personne n'a peint avec le même bonheur l'inflexibilité et la force d'esprit qui naissent de la vertu. De ces disputes mêmes que je lui reproche, sortent quelquefois des éclairs qui laissent l'esprit étonné, et des combats qui véritablement élèvent l'âme; et enfin, quoiqu'il lui arrive continuellement de s'écarter de la nature, on est obligé d'avouer qu'il la peint naïvement et bien fortement dans quelques endroits : et c'est uniquement dans ces morceaux naturels qu'il est admirable. Voilà ce qu'il me semble qu'on peut dire sans partialité de ses talents. Mais, lorsqu'on a rendu justice à son génie, qui a surmonté si souvent le goût barbare de son siècle, on ne peut s'empêcher de rejeter, dans ses ouvrages, ce qu'ils retiennent dans ce mauvais goût, et ce qui servirait à le perpétuer dans les admirateurs trop passionnés de ce grand maître.

Les gens du métier sont plus indulgents que les autres à ces défauts, parce qu'ils ne regardent qu'aux traits originaux de leurs modèles, et qu'ils connaissent mieux le prix de l'invention et du génie. Mais le reste des hommes juge des ouvrages tels qu'ils sont, sans égard pour le temps et pour les auteurs : et je crois qu'il serait à désirer que les gens de lettres voulussent bien séparer les défauts des plus grands hommes de leurs perfections; car si l'on confond leurs beautés avec leurs fautes par une admiration superstitieuse, il pourra bien arriver que les jeunes gens imiteront les défauts de leurs maîtres, qui sont aisés à imiter, et n'atteindront jamais à leur génie.

Pour moi, quand je fais la critique de tant d'hommes illustres, mon objet est de prendre des idées plus justes de leur caractère.

Je ne crois pas qu'on puisse raisonnablement me reprocher cette hardiesse : la nature a donné aux grands hommes de faire, et laissé aux autres de juger.

Si l'on trouve que je relève davantage les défauts des uns que ceux des autres, je déclare que c'est à cause que les uns me sont plus sensibles que les autres, ou pour éviter de répéter des choses qui sont trop connues.

Pour finir, et marquer chacun de ces poëtes par ce qu'ils ont eu de plus propre, je dirai que Corneille a éminemment la force, Boileau la justesse, La Fontaine la naïveté, Chaulieu les grâces et l'ingénieux, Molière les saillies et la vive imitation des mœurs, Racine la dignité et l'éloquence.

Ils n'ont pas ces avantages à l'exclusion les uns des autres; ils les ont seulement dans un degré plus éminent, avec une infinité d'autres perfections que chacun y peut remarquer.

7. — J. B. ROUSSEAU. — On ne peut disputer à Rousseau d'avoir connu parfaitement la mécanique des vers. Egal peut-être à Despréaux par cet endroit, on pourrait le mettre à côté de ce grand homme, si celui-ci, né à l'aurore du bon goût, n'avait été le maître de Rousseau et de tous les poëtes de son siècle.

Ces deux excellents écrivains se sont distingués l'un et l'autre par l'art difficile de faire régner dans les vers une extrême simplicité par le talent d'y conserver le tour et le génie de notre langue, et enfin par cette harmonie continue sans laquelle il n'y a point de véritable poésie.

On leur a reproché, à la vérité, d'avoir manqué de délicatesse et d'expression pour le sentiment. Ce dernier défaut me paraît peu considérable dans Despréaux, parce que s'étant attaché uniquement à peindre la raison, il lui suffisait de la peindre avec vivacité et avec feu, comme il a fait : mais l'expression *es passions ne lui était pas nécessaire. Son *art poétique*, et quelques autres de ses ouvrages approchent de la perfection qui leur est propre; et on n'y regrette point la langue du sentiment, quoiqu'elle puisse entrer peut-être dans tous les genres et les embellir de ses charmes.

Il n'est pas tout à fait si facile de justifier Rousseau à cet égard. L'ode étant, comme il dit lui-même, *le véritable champ du pathétique et du sublime*, on voudrait toujours trouver dans les siennes ce haut caractère. Mais, quoiqu'elles soient dessinées avec une grande noblesse, je ne sais si elles sont toutes assez passionnées. J'excepte quelques-unes des odes sacrées, dont le fonds appartient à de plus grands maîtres. Quant à celles qu'il a tirées de son propre fonds, il me semble qu'en général les fortes images qui les embellissent, ne produisent pas de grands mouvements et n'excitent ni la pitié, ni l'étonnement, ni la crainte, ni ce sombre saisissement que le vrai sublime fait naître.

La marche impétueuse de l'ode n'est pas celle de l'esprit tranquille : il faut donc qu'elle soit justifiée par un enthousiasme véritable. Lorsqu'un auteur se jette de sang-froid dans ces mouvements et ces écarts qui n'appartiennent qu'aux grandes passions, il court risque de marcher seul; car le lecteur se lasse de ces transitions forcées et de ces fréquentes hardiesses que l'art s'efforce d'imiter du sentiment, et qu'il imite toujours sans succès. Les endroits où le poëte paraît s'égarer devraient être, à ce qu'il me semble, les plus passionnés de son ouvrage. Il est même d'autant plus nécessaire de mettre du sentiment dans nos odes, que ces petits poëmes sont ordinairement vides de pensées, et qu'un ouvrage vide de pensées sera toujours faible s'il n'est rempli de passion. Or, je ne crois pas qu'on puisse dire que les odes de Rousseau soient fort passionnées. Il est tombé quelquefois dans le défaut de ces poëtes qui semblent s'être proposé dans leurs écrits, non d'exprimer plus fortement par des images des passions violentes, mais seulement d'assembler des images magnifiques, plus occupés de chercher de grandes figures que de faire naître dans leur âme de grandes pensées. Les défenseurs de Rousseau répondent qu'il a surpassé Horace et Pindare, auteurs illustres dans le même genre, et de plus rendus respectables par l'estime dont ils sont en possession depuis tant de siècles. Si cela est ainsi, je ne m'étonne point que Rousseau ait emporté tous les suffrages. On ne juge que par comparaison de toutes choses, et ceux qui font mieux que les autres dans leur genre, passent toujours pour excellents, personne n'osant leur contester d'être dans le bon chemin. Il m'appartient moins qu'à tout autre de dire que Rousseau n'a pu atteindre le but de son art : mais je crains bien que si on n'aspire pas à faire de l'ode une imitation plus fidèle de la nature, ce genre ne demeure enseveli dans une espèce de médiocrité.

S'il m'est permis d'être sincère jusqu'à la fin, j'avouerai que je trouve encore des pensées bien fausses dans les meilleures odes de Rousseau. Cette fameuse *Ode à la Fortune,* qu'on regarde comme le triomphe de la raison, présente, ce me semble, peu de réflexions qui ne soient plus éblouissantes que solides. Écoutons ce poëte philosophe :

> Quoi ! Rome et l'Italie en cendre
> Me feront honorer Sylla !

Non vraiment, l'Italie en cendre ne peut faire honorer Sylla ; mais ce qui doit, je crois, le faire respecter avec justice, c'est ce génie supérieur et puissant qui vainquit le génie de Rome, qui lui fit défier dans sa vieillesse les ressentiments de ce même peuple qu'il avait soumis, et qui sut toujours subjuguer par les bienfaits ou par la force, le courage ailleurs indomptable de ses ennemis.

Voyons ce qui suit :

> J'admirerai dans Alexandre
> Ce que j'abhorre en Attila ?

Je ne sais quel était le caractère d'Attila, mais je suis forcé d'admirer les rares talents d'Alexandre, et cette hauteur de génie qui, soit dans le gouvernement, soit dans la guerre, soit dans les sciences, soit même dans sa vie privée, l'a toujours fait paraître comme un homme extraordinaire, et qu'un instinct grand et sublime dispensait des moindres vertus. Je veux révérer un héros qui, parvenu au faîte des grandeurs humaines, ne dédaignait pas l'amitié; qui, dans cette haute fortune, respectait encore le mérite; qui aima mieux s'exposer à mourir que de soupçonner son médecin de quelque crime, et d'affliger, par une défiance qu'on n'aurait pas blâmée, la fidélité d'un sujet qu'il estimait : le maître le plus libéral qu'il y eut jamais, jusqu'à ne réserver pour lui que l'*espérance* ; plus prompt à réparer ses injustices qu'à les commettre, et plus pénétré de ses fautes que de ses triomphes; né pour conquérir l'univers, parce qu'il était digne de lui commander; et en quelque sorte excusable de s'être fait rendre les honneurs divins dans un temps où toute la terre adorait des dieux moins aimables. Rousseau paraît donc trop injuste, lorsqu'il ose ajouter d'un si grand homme :

> Mais à la place de Socrate
> Le fameux vainqueur de l'Euphrate
> Sera le dernier des mortels.

Apparemment que Rousseau ne voulait épargner aucun conquérant; et voici comme il parle encore :

> L'inexpérience indocile
> Du compagnon de Paul-Émile
> Fit tout le succès d'Annibal.

Combien toutes ces réflexions ne sont-elles pas superficielles? Qui ne sait que la science de la guerre consiste à profiter des fautes de son ennemi? Qui ne sait qu'Annibal s'est montré aussi grand dans ses défaites que dans ses victoires?

S'il était reçu de tous les poëtes, comme il l'est du reste des hommes, qu'il n'y a rien de beau dans aucun genre que le vrai, et que les fictions mêmes de la poësie n'ont été inventées que pour peindre plus vivement la vérité, que pourrait-on penser des invectives que je viens de rapporter? Serait-on trop sévère de juger que l'*Ode à la Fortune* n'est qu'une pompeuse déclamation et un tissu de lieux communs, energiquement exprimés?

Je ne dirai rien des allégories et de quelques autres ouvrages de Rousseau. Je n'oserais surtout juger d'aucun ouvrage allégorique, parce que c'est un genre que je n'aime pas : mais je louerai volontiers ses épigrammes, où l'on trouve toute la naïveté de Marot.

avec une énergie que Marot n'avait pas. Je louerai des morceaux admirables dans ses épîtres, où le génie de ses épigrammes se fait singulièrement apercevoir. Mais en admirant ces morceaux, si dignes de l'être, je ne puis m'empêcher d'être choqué de la grossièreté insupportable qu'on remarque en d'autres endroits. Rousseau voulant dépeindre, dans l'*Épître aux Muses*, je ne sais quel mauvais poète, il le compare à un oison que la flatterie enhardit à préférer sa voix au chant du cygne. Un autre oison lui fait un long discours pour l'obliger à chanter, et Rousseau continue ainsi :

A ce discours, notre oiseau tout gaillard
Perce le ciel de son cri nasillard :
Et tout d'abord, oubliant leur mangeaille,
Vous eussiez vu canards, dindons, poulaille,
De toutes parts accourir, l'entourer,
Battre de l'aile, applaudir, admirer,
Vanter la voix dont nature le doue,
Et faire nargue au cygne de Mantoue.
Le chant fini, le pindarique oison,
Se rengorgeant, rentre dans la maison,
Tout orgueilleux d'avoir, par son ramage,
Du poulailler mérité le suffrage.

On ne nie pas qu'il y ait quelque force dans cette peinture; mais combien en sont basses les images! La même épître est remplie de choses qui ne sont ni plus agréables ni plus délicates. C'est un dialogue avec les Muses, qui est plein de longueurs, dont les transitions sont forcées et trop ressemblantes; où l'on trouve à la vérité de grandes beautés de détails, mais qui en rachètent à peine les défauts. J'ai choisi cette épître exprès, ainsi que l'*Ode à la Fortune*, afin qu'on ne m'accusât pas de rapporter les ouvrages les plus faibles de Rousseau pour diminuer l'estime que l'on doit aux autres. Puis-

je me flatter en cela d'avoir contenté la délicatesse de tant de gens de goût et de génie,
qui respectent tous les écrits de ce poëte?
Quelque crainte que je doive avoir de me
tromper, en m'écartant de leur sentiment et
de celui du public, je hasarderai encore ici
une réflexion. C'est que le vieux langage employé par Rousseau dans ses meilleures épîtres,
ne me paraît ni nécessaire pour écrire naïvement, ni assez noble pour la poésie. C'est à
ceux qui font profession eux-mêmes de cet
art, à prononcer là-dessus. Je leur soumets
sans répugnance toutes les remarques que
j'ai osé faire sur les plus illustres écrivains
de notre langue. Personne n'est plus pas-
sionné que je ne le suis pour les véritables
beautés de leurs ouvrages. Je ne connais
peut-être pas tout le mérite de Rousseau;
mais je ne serai pas fâché qu'on me détrompe
des défauts que j'ai cru pouvoir lui reprocher.
On ne saurait trop honorer les grands talents
d'un auteur dont la célébrité a fait les disgrâces, comme c'est la coutume chez les hommes, et qui n'a pu jouir dans sa patrie de la
réputation qu'il méritait, que lorsqu'accablé
sous le poids de l'humiliation et de l'exil, la
longueur de son infortune a désarmé la haine
de ses ennemis et fléchi l'injustice de l'envie.

8. — QUINAULT. — On ne peut trop aimer la
douceur, la mollesse, la facilité et l'harmonie
tendre et touchante de la poésie de Quinault.
On peut même estimer beaucoup l'art de quelques-uns de ses opéras, intéressants par le
spectacle dont ils sont remplis, par l'invention
ou la disposition des faits qui les composent,
par le merveilleux qui y règne, et enfin par le
pathétique des situations, qui donne lieu à
celui de la musique, et qui l'augmente nécessairement. Ni la grâce, ni la noblesse, ni le naturel n'ont manqué à l'auteur de ces poëmes

singuliers. Il y a presque toujours de la naïveté dans son dialogue, et quelquefois du
sentiment. Ses vers sont semés d'images
charmantes et de pensées ingénieuses. On ad-
mirerait trop les fleurs dont il se pare, s'il eût
évité les défauts qui font languir quelquefois
ses beaux ouvrages. Je n'aime pas les fami-
liarités qu'il a introduites dans ses tragédies ;
je suis fâché qu'on trouve dans beaucoup de
scènes, qui sont faites pour inspirer la terreur et la pitié, des personnages qui, par le
contraste de leurs discours avec les intérêts
des malheureux, rendent ces mêmes scènes
ridicules et en détruisent tout le pathétique.
Je ne puis m'empêcher encore de trouver ses
meilleurs opéras trop vides de choses, trop
négligés dans les détails, trop fades même
dans bien des endroits. Enfin je pense qu'on
a dit de lui avec vérité qu'il n'avait fait qu'ef-
fleurer d'ordinaire les passions. Il me paraît
que Lulli a donné à sa musique un caractère
supérieur à la poésie de Quinault. Lulli s'est
élevé souvent jusqu'au sublime par la grandeur et par le pathétique de ses expressions ;
et Quinault n'a d'autre mérite à cet égard
que celui d'avoir fourni les situations et les
canevas auxquels le musicien a fait recevoir
la profonde empreinte de son génie. Ce sont
sans doute les défauts de ce poëte et la faiblesse de ses premiers ouvrages, qui ont fermé
les yeux de Despréaux sur son mérite ; mais
Despréaux peut être excusable de n'avoir pas
cru que l'opéra, théâtre plein d'irrégularités
et de licences, eût atteint, en naissant, sa
perfection. Ne penserions-nous pas encore
qu'il manque quelque chose à ce spectacle, si
les efforts inutiles de tant d'auteurs renom-
més ne nous avaient fait supposer que le défaut de ces poëmes était peut-être un vice
irréparable ? Cependant je conçois sans peine

qu'on ait fait à Despréaux un grand reproche de sa sévérité trop opiniâtre (1). Avec des talents si aimables que ceux de Quinault et la gloire qu'il a d'être l'inventeur de son genre, on ne saurait être surpris qu'il ait des partisans très-passionnés, qui pensent qu'on doit respecter ses défauts mêmes. Mais cette excessive indulgence de ses admirateurs me fait comprendre encore l'extrème rigueur de ses critiques. Je vois qu'il n'est point dans le caractère des hommes de juger du mérite d'un autre homme par l'ensemble de ses qualités; on envisage sous divers aspects le génie d'un auteur illustre; on le méprise ou l'admire avec une égale apparence de raison, selon les choses que l'on considère en ses ouvrages. Les beautés que Quinault a imaginées demandent grâce pour ses défauts; mais j'avoue que je voudrais bien qu'on se dispensât de copier jusqu'à ses fautes. Je suis fâché qu'on désespère de mettre plus de passion, plus de conduite, plus de raison et plus de force dans nos opéras que leur inventeur n'y en a mis. J'aimerais qu'on en retranchât le nombre excessif de refrains qui s'y rencontrent; qu'on ne refroidit pas les tragédies par des puérilités, et qu'on ne fit pas des paroles pour le musicien entièrement vides de sens. Les divers morceaux qu'on admire dans Quinault prouvent qu'il y a peu de beautés incompatibles avec la musique, et que c'est la faiblesse des poëtes ou celle du genre qui fait languir tant d'opéras, faits à la hâte, et aussi mal écrits qu'ils sont frivoles.

(1) Boileau a cependant dit lui-même, dans la préface de la dernière édition de ses *Œuvres*, que, dans le temps où il écrivit contre Quinault, tous deux étaient fort jeunes, et Quinault n'avait pas fait beaucoup d'ouvrages qui lui ont dans la suite acquis *une juste réputation*. Ce sont les expressions dont il se sert.

9.— SUR QUELQUES OUVRAGES DE VOLTAIRE.—

Après avoir parlé de Rousseau et des plus grands poëtes du siècle passé, je crois que ce peut être ici la place de dire quelque chose des ouvrages d'un homme qui honore notre siècle, et qui n'est ni moins grand ni moins célèbre que tous ceux qui l'ont précédé, quoique sa gloire, plus près de nos yeux, soit plus exposée à l'envie.

Il ne m'appartient pas de faire une critique raisonnée de tous ses écrits, qui passent de bien loin mes connaissances et la faible étendue de mes lumières; ce soin me convient d'autant moins qu'une infinité d'hommes plus instruits que moi ont déjà fixé les idées qu'on doit en avoir. Ainsi je ne parlerai pas de la *Henriade*, qui, malgré les défauts qu'on lui impute et ceux qui y sont en effet, passe néanmoins sans contestation pour le plus grand ouvrage de ce siècle, et le seul poëme, en ce genre, de notre nation.

Je dirai peu de chose encore de ses tragédies : comme il n'y en a aucune qu'on ne joue au moins une fois chaque année, tous ceux qui ont quelque étincelle de bon goût peuvent y remarquer d'eux-mêmes le caractère original de l'auteur, les grandes pensées qui y règnent, les morceaux éclatants de poésie qui les embellissent, la manière forte dont les passions y sont ordinairement traitées, et les traits hardis et sublimes dont elles sont pleines.

Je ne m'arrêterai donc pas à faire remarquer dans *Mahomet*, cette expression grande et tragique du genre terrible, qu'on croyait épuisée par l'auteur d'*Electre*. Je ne parlerai pas de la tendresse répandue dans *Zaïre*, ni du caractère théâtral des passions violentes d'*Hérode*, ni de la singulière et noble nouveauté d'*Alzire*, ni des éloquentes harangues qu'on voit dans la *Mort de César*, ni enfin de tant d'autres pièces, toutes différentes, qui font admirer le génie et la fécondité de leur auteur.

Mais parce que la tragédie de *Mérope* me paraît encore mieux écrite, plus touchante et plus naturelle que les autres, je n'hésiterai pas à lui donner la préférence. J'admire les grands caractères qui y sont décrits ; le vrai qui règne dans les sentiments et les expressions, la simplicité sublime et tout à fait nouvelle sur notre théâtre, du rôle d'Egiste, la tendresse impétueuse de Mérope, ses discours coupés, véhéments, et tantôt remplis de violence, tantôt de hauteur. Je ne suis pas assez tranquille à une pièce qui produit de si grands mouvements, pour examiner si les règles et les vraisemblances sévères n'y sont pas blessées. La pièce me serre le cœur dès le commencement, et me mène jusqu'à la catastrophe, sans me laisser la liberté de respirer.

S'il y a donc quelqu'un qui prétende que la conduite de l'ouvrage est peu régulière, et qui pense qu'en général M. de Voltaire n'est pas heureux dans la fiction ou dans le tissu de ses pièces, sans entrer dans cette question, trop longue à discuter, je me contenterai de lui répondre que ce même défaut dont on accuse M. de Voltaire a été reproché très-justement à plusieurs pièces excellentes, sans leur faire tort. Les dénoûments de Molière sont peu estimés, et le *Misanthrope*, qui est le chef-d'œuvre de la comédie, est une comédie sans action. Mais c'est le privilége des hommes comme Molière et M. de Voltaire, d'être admirables malgré leurs défauts, et souvent dans leurs défauts mêmes.

La manière dont quelques personnes, d'ailleurs éclairées, parlent aujourd'hui de la poésie, me surprend beaucoup. Ce n'est pas,

disent-ils, la beauté des vers et des images
qui caractérise le poëte, ce sont les pensées
mâles et hardies; ce n'est pas l'expression du
sentiment et de l'harmonie, c'est l'invention.
Par là on prouverait que Bossuet et Newton
ont été les plus grands poëtes de leur siècle;
car assurément l'invention, la hardiesse et
les pensées mâles ne leur manquaient point.

Reprenons *Mérope*. Ce que j'admire encore
dans cette tragédie, c'est que les personnages
y disent toujours ce qu'ils doivent dire, et
sont grands sans affectation. Il faut lire la
seconde scène du second acte pour comprendre ce que je dis. Qu'on me permette d'en citer la fin, quoiqu'on pût trouver dans la même
pièce de plus beaux endroits.

ÉGISTE.

Un vain désir de gloire a séduit mes esprits.
On me parlait souvent des troubles de Messène,
Des malheurs dont le ciel avait frappé la reine,
Surtout de ses vertus, dignes d'un autre prix;
Je me sentais ému par ces tristes récits.
De l'Elide en secret dédaignant la mollesse,
J'ai voulu dans la guerre exercer ma jeunesse,
Servir sous vos drapeaux, et vous offrir mon bras:
Voilà le seul dessein qui conduisit mes pas.
Ce faux instinct de gloire égara mon courage,
A mes parents flétris sous les rides de l'âge
J'ai de mes jeunes ans dérobé les secours:
C'est ma première faute, elle a troublé mes jours.
Le ciel m'en a puni, le ciel inexorable
M'a conduit dans le piége et m'a rendu coupable.

MÉROPE.

Il ne l'est point; j'en crois son ingénuité;
Le mensonge n'a point cette simplicité.
Tendons à sa jeunesse une main bienfaisante.
C'est un infortuné que le ciel me présente:
Il suffit qu'il soit homme et qu'il soit malheureux.
Mon fils peut éprouver un sort plus rigoureux:
Il me rappelle Egiste; Egiste est de son âge;
Peut-être comme lui, de rivage en rivage,

Inconnu, fugitif, et partout rebuté,
il souffre le mépris qui suit la pauvreté.
L'opprobre avilit l'âme et flétrit le courage.

Cette dernière réflexion de Mérope est bien
naturelle et bien sublime. Une mère aurait pu
être touchée de toute autre crainte dans une
telle calamité : et néanmoins Mérope paraît
pénétrée de ce sentiment. Voilà comme les
sentences sont grandes dans la tragédie, et
comme il faudrait toujours les y placer.

C'est, je crois, cette sorte de grandeur qui
est propre à Racine, et que tant de poètes
après lui ont négligée, ou parce qu'ils ne
la connaissaient pas, ou parce qu'il leur a
été bien plus facile de dire des choses guin-
dées, et d'exagérer la nature. Aujourd'hui on
croit avoir fait un caractère, lorsqu'on a mis
dans la bouche d'un personnage ce qu'on
veut faire penser de lui, et qui est précisé-
ment ce qu'il doit taire. Une mère affligée dit
qu'elle est affligée, et un héros dit qu'il est
un héros. Il faudrait que les personnages fis-
sent penser tout cela d'eux, et que rarement
ils le dissent ; mais, tout au contraire, ils le
disent, et le font rarement penser. Le grand
Corneille n'a pas été exempt de ce défaut, et
cela a gâté tous ses caractères. Car enfin ce
qui forme un caractère, ce n'est pas, je crois,
quelques traits, ou hardis, ou forts, ou sublimes, c'est l'ensemble de tous les traits, et
des moindres discours d'un personnage. Si
on fait parler un héros, qui mêle partout de
l'ostentation, de la vanité, et des choses basses à de grandes choses ; j'admire ces traits
de grandeur, qui appartiennent au poète,
mais je sens du mépris pour son héros dont
le caractère est manqué. L'éloquent Racine
qu'on accuse de stérilité dans ses caractères,
est le seul de son temps qui ait fait des caractères ; et ceux qui admirent la variété du

grand Corneille sont bien indulgents de lui pardonner l'invariable ostentation de ses personnages, et le caractère toujours dur des vertus qu'il a su décrire.

C'est pourquoi quand M. de Voltaire a critiqué (1) les caractères d'Hippolyte, Bajazet, Xipharès, Britannicus, il n'a pas prétendu, je crois, diminuer l'estime de ceux d'Athalie, Joad, Acomat, Agrippine, Néron, Burrhus, Mithridate, etc. Mais, puisque cela me conduit à parler du *Temple du Goût*, je suis bien aise d'avoir occasion de dire que j'en estime grandement les décisions. J'excepte ces mots : « Bossuet, le seul éloquent entre tant d'écrivains qui ne sont qu'élégants; » car je ne crois pas que M. de Voltaire lui-même voulût sérieusement réduire à ce petit mérite d'élégance les ouvrages de M. Pascal, l'homme de la terre qui savait mettre la vérité dans un plus beau jour, et raisonner avec plus de force. Je prends la liberté de défendre encore contre son autorité le vertueux auteur de *Télémaque*, homme né véritablement pour enseigner aux rois l'humanité, dont les paroles tendres et persuasives pénètrent le cœur, et qui, par la noblesse et par la vérité de ses

(1) Dans son *Temple du Goût* Voltaire, après avoir parlé de Pierre Corneille, s'exprime ainsi sur Racine :

Plus pur, plus élégant, plus tendre,
Et parlant au cœur de plus près,
Nous attachant sans nous surprendre
Et ne se démentant jamais;
Racine observe les portraits
De Bajazet, de Xipharès,
De Britannicus, d'Hippolyte;
A peine il distingue leurs traits;
Ils ont tous le même mérite.
Tendres, galants, doux et discrets;
Et l'amour qui marche à leur suite
Les croit des courtisans français.

peintures, par les grâces touchantes de son style, se fait aisément pardonner d'avoir employé trop souvent les lieux communs de la poésie, et un peu de déclamation.

Mais quoi qu'il puisse être de cette trop grande partialité de M. de Voltaire pour Bossuet, que je respecte d'ailleurs plus que personne, je déclare que tout le reste du *Temple du Goût* m'a frappé par la vérité des jugements, par la vivacité, la variété et le tour aimable du style; et je ne puis comprendre que l'on juge si sévèrement d'un ouvrage si peu sérieux, et qui est un modèle d'agréments.

Dans un genre assez différent, l'*Epître aux Mânes de Génonville*, et celle *Sur la mort de mademoiselle Le Couvreur*, m'ont paru deux morceaux remplis de charmes, et où la douleur, l'amitié, l'éloquence et la poésie parlaient avec la grâce la plus ingénue, et la simplicité la plus touchante. J'estime plus deux petites pièces faites de génie, comme celles-ci, et qui ne respirent que la passion, que beaucoup d'assez longs poëmes.

Je finirai sur les ouvrages de M. de Voltaire, en disant quelque chose de sa prose. Il n'y a guère de mérite essentiel qu'on ne puisse trouver dans ses écrits. Si l'on est bien aise de voir toute la politesse de notre siècle avec un grand art, pour faire sentir la vérité dans les choses de goût, on n'a qu'à lire la préface d'*Œdipe*, écrite contre M. de La Mothe avec une délicatesse inimitable. Si on cherche du sentiment, de l'harmonie, jointe à une noblesse singulière on peut jeter les yeux sur la préface d'*Alzire*, et sur l'*Epître à madame la marquise du Châtelet*. Si on souhaite une littérature universelle, un goût étendu qui embrasse le caractère de plusieurs nations, et qui peigne les manières différentes des plus grands poëtes, on trouvera cela dans les *Réflexions sur les poëtes épiques*, et les divers morceaux traduits par M. de Voltaire, des poëtes anglais, d'une manière qui passe peut-être les originaux. Je ne parle pas de l'*Histoire de Charles XII*, qui, par la faiblesse des critiques que l'on en a faites, a dû acquérir une autorité incontestable, et qui me paraît être écrite avec une force, une précision et des images dignes d'un tel peintre. Mais, quand on n'aurait vu de M. de Voltaire que son *Essai sur le siècle de Louis XIV*, et ses *Réflexions sur l'histoire*, ce serait déjà trop pour reconnaître en lui, non-seulement un écrivain du premier ordre, mais encore un génie sublime qui voit tout en grand, une vaste imagination qui rapproche de loin les choses humaines, enfin un esprit supérieur aux préjugés, et qui joint à la politesse et à l'esprit philosophique de son siècle, la connaissance des siècles passés, de leurs mœurs, de leur politique, de leurs religions, et de toute l'économie du genre humain.

Si pourtant il se trouve encore des gens prévenus, qui s'attachent à relever ou les erreurs ou les défauts de ses ouvrages, et qui demandent à un homme si universel la même correction et la même justesse de ceux qui se sont renfermés dans un seul genre, et souvent dans un genre assez petit, que peut-on répondre à des critiques si peu raisonnables? J'espère que le petit nombre des juges désintéressés me saura du moins quelque gré d'avoir osé dire les choses que j'ai dites parce que je les ai pensées, et que la vérité m'a été chère.

C'est le témoignage que l'amour des lettres m'oblige de rendre à un homme qui n'est ni en place, ni puissant, ni favorisé, et auquel je ne dois que la justice que tous les hom-

mes lui doivent comme moi, et que l'ignorance ou l'envie s'efforcent inutilement de
lui ravir.

LES ORATEURS.

Qui n'admire la majesté, la pompe, la ma-
gnificence, l'enthousiasme de Bossuet, et la
vaste étendue de ce génie impétueux, fécond, sublime? Qui conçoit, sans étonnement, la profondeur incroyable de Pascal,
son raisonnement invincible, sa mémoire
surnaturelle, sa connaissance universelle et
prématurée? Le premier élève l'esprit; l'autre le confond et le trouble. L'un éclate
comme un tonnerre dans un tourbillon ora-
geux; l'autre presse, étonne, illumine, fait
sentir despotiquement l'ascendant de la vérité; et comme si c'était un être d'une autre
nature que nous sa vive intelligence explique toutes les conditions, toutes les affections et toutes les pensées des hommes, et
paraît toujours supérieure à leurs conceptions incertaines. Génie simple et puissant,
il assemble des choses qu'on croyait être incompatibles, la véhémence, l'enthousiasme,
la naïveté, avec les profondeurs les plus ca-
chées de l'art; mais d'un art qui, bien loin
de gêner la nature, n'est lui-même qu'une
nature plus parfaite, et l'original des préceptes. Que dirai-je encore? Bossuet fait voir
plus de fécondité, et Pascal a plus d'invention; Bossuet est plus impétueux, et Pascal
plus transcendant. L'un excite l'admiration
par de plus fréquentes saillies; l'autre, toujours plein et solide, l'épuise par un caractère plus concis et plus soutenu.

Mais toi (1) qui les as surpassés en aménités et en grâces, ombre illustre, aimable génie; toi qui fis régner la vertu par l'onction et par la douceur, pourrais-je oublier la noblesse et le charme de ta parole, lorsqu'il est question d'éloquence? Né pour cultiver la sagesse et l'humanité dans les rois, ta voix ingénue fit retentir au pied du trône les calamités du genre humain foulé par les tyrans, et défendit contre les artifices de la flatterie la cause abandonnée des peuples. Quelle bonté de cœur, quelle sincérité se remarque dans tes écrits! quel éclat de paroles et d'images! Qui sema jamais tant de fleurs dans un style si naturel, si mélodieux et si tendre? Qui orna jamais la raison d'une si touchante parure? Ah! que de trésors, d'abondance, dans ta riche simplicité!

O noms consacrés par l'amour et par les respects de tous ceux qui chérissent l'honneur des lettres! Restaurateurs des arts, pères de l'éloquence, lumières de l'esprit humain, que n'ai-je un rayon du génie qui échauffa vos profonds discours, pour vous expliquer dignement et marquer tous les traits qui vous ont été propres!

Si l'on pouvait mêler des talents si divers, peut-être qu'on voudrait penser comme Pascal, écrire comme Bossuet, parler comme Fénelon. Mais parce que la différence de leur style venait de la différence de leurs pensées et de leur manière de sentir les choses, ils perdraient beaucoup tous les trois, si l'on voulait rendre les pensées de l'un par les expressions de l'autre. On ne souhaite point cela en les lisant; car chacun d'eux s'exprime dans les termes les plus assortis au caractère de ses sentiments et de ses idées;

(1) Fénelon.

ce qui est la véritable marque du génie. Ceux qui n'ont que de l'esprit empruntent nécessairement toute sorte de tours et d'expressions : ils n'ont pas un caractère distinctif.

SUR LA BRUYÈRE.

Il n'y a presque point de tour dans l'éloquence qu'on ne trouve dans La Bruyère; et si on y désire quelque chose, ce ne sont pas certainement les expressions, qui sont d'une force infinie et toujours les plus propres et les plus précises qu'on puisse employer. Peu de gens l'ont compté parmi les orateurs, parce qu'il n'y a pas une suite sensible dans ses *Caractères*. Nous faisons trop peu d'attention à la perfection de ses fragments, qui contiennent souvent plus de matière que de longs discours, plus de proportion et plus d'art.

On remarque dans tout son ouvrage un esprit juste, élevé, nerveux, pathétique, également capable de réflexion et de sentiment, et doué avec avantage de cette invention qui distingue la main des maîtres et qui caractérise le génie.

Personne n'a peint les détails avec plus de feu, plus de force, plus d'imagination dans l'expression, qu'on n'en voit dans ses *Caractères*. Il est vrai qu'on n'y trouve pas aussi souvent que dans les écrits de Bossuet et de Pascal, de ces traits qui caractérisent une passion ou les vices d'un particulier, mais le genre humain. Ses portraits les plus élevés ne sont jamais aussi grands que ceux de Fénelon et de Bossuet; ce qui vient en grande partie de la différence des genres qu'ils ont traités. La Bruyère a cru, ce me semble, qu'on ne pouvait peindre les hommes assez petits; et il s'est bien plus attaché à relever leurs ridicules que leur force. Je crois qu'il est permis de présumer qu'il n'avait ni l'élévation, ni la sagacité, ni la profondeur de quelques esprits du premier ordre; mais on ne lui peut disputer, sans injustice, une forte imagination, un caractère véritablement original, et un génie créateur (1).

(1) Dans la première édition on lisait, au lieu du dernier paragraphe, le passage suivant :

« Il est étonnant qu'on sente quelquefois dans un si beau génie, et qui s'est élevé jusqu'au sublime, les bornes de l'esprit humain : cela prouve qu'il est possible qu'un auteur sublime ait moins de profondeur et de sagacité que des hommes moins pathétiques. Peut-être que le cardinal de Richelieu était supérieur à Milton.

« Mais les écrivains pathétiques nous émeuvent plus fortement, et cette puissance qu'ils ont sur notre âme la dispose à nous accorder plus de lumières. Nous jugeons toujours d'un auteur par le caractère de ses sentiments. Si on compare La Bruyère à Fénelon, la vertu toujours tendre et naturelle du dernier, et l'amour-propre qui se montre quelquefois dans l'autre, le sentiment nous porte malgré nous à croire que celui qui fait paraître l'âme la plus grande a l'esprit le plus éclairé; et toutefois il serait difficile de justifier cette préférence. Fénelon a plus de facilité et d'abondance, l'auteur des *Caractères* plus de précision et plus de force; le premier, d'une imagination plus riante et plus féconde; le second, d'un génie plus véhément; l'un sachant rendre les plus grandes choses familières et sensibles sans les abaisser; l'autre sachant ennoblir les plus petites sans les déguiser; celui-là plus humain; celui-ci plus austère; l'un plus tendre pour la vertu; l'autre plus implacable au vice : l'un et l'autre moins pénétrants et moins profonds que les hommes que j'ai nommés, mais inimitables dans la clarté et dans la netteté de leurs idées; enfin originaux, créateurs dans leur genre et modèles très-accomplis. »

FIN

Paris.— Imprimerie Nouvelle (association ouvrière), 11, rue Cadet. A. Mangeot, directeur. — 676-93

Prévost Manon Lescaut... 1
Quinte-Curce. Histoire d'Alexandre le Grand........ 3
Rabelais. Œuvres......... 5
Racine Esther Athalie.... 1
— Phèdre. Britannicus..... 1
— Andromaque. Plaideurs. 1
— Iphigénie. Mithridate.... 1
— Bérénice. Bajazet........ 1
Regnard. Voyages.......... 1
— Le Joueur. Folies....... 1
— Le Légataire universel. 1
Roland (*M*ᵉ) Mémoires.... 4
Rousseau (*J.-J*) Emile, 4v.; Contrat social, 1 v.; De l'Inégalité, 1 v.; La Nouvelle Héloïse, 5 vol ; Confessions 5
Saint-Réal. Don Carlos. Conjuration contre Venise.. 1
Salluste. Catilina. Jugurtha. 1
Scarron. Roman comique... 3
— Virgile travesti......... 3
Schiller. Les Brigands..... 1
— Guillaume Tell........ 1
Sedaine Philosophe sans le savoir. La Gageure...... 1
Sévigné (*M*ᵐᵉ *de*). Lettres choisies... 2
Shakespeare. Hamlet, 1 v.; Roméo et Juliette, 1 v.; Othello, 1 v.; Macbeth, 1 v.; Le Roi Lear, 1 v ; Le Marchand de Venise, 1 v.; Joyeuses Commères, 1 v ; Le Songe d'une Nuit d'été, 1 v ; La Tempête, 1 v.; Vie et Mort de Richard III, 1 v.; Henri VIII, 1 v.; Beaucoup de bruit pour rien, 1 v.; Jules César 1
Sterne Voyage sentimental 1
— Tristram Shandy........ 4
Suétone. Douze Césars 2
Swift Voyages de Gulliver. 2
Tacite. Mœurs des Germains 1
— Annales de Tibère....... 2
Tasse. Jérusalem délivrée. 2
Tassoni. Seau enlevé...... 2
Tite-Live. Histoire de Rome 2
Vauban. La Dîme royale... 1
Vauvenargues. Choix 1
Virgile. L'Enéide....../... 2
— Bucoliques et Géorgiques 1
Volney Les Ruines. La Loi naturelle 2
Voltaire Charles XII. 2 v ; Siècle de Louis XIV, 4 v.; Histoire de Russie, 2 v ; Romans, 5 v.; Zaïre, Mérope. 1 v.; Mahomet, Mort de César, 1 v ; La Henriade, 1 v.; Contes en vers et Satires, 1 v.; Traité sur la Tolérance, 2 v.; Correspondance avec le ioi de Prusse........... 1
Xénophon. Retraite des Dix Mille. ....; 1
— La Cyropédie........... 2

Le vol. broché, **25** c.; relié, **45** c.; *F*ᵒ, **10** c. en sus par volume.

Nota. — Le colis postal diminue beaucoup les frais de port : 1 colis de 3 kil. peut contenir 38 vol. brochés ou 34 reliés; celui dé 5 kil., 65 vol. brochés ou 55 reliés.

Adresser les demandes affranchies à M. L. PFLUGER, éditeur, passage Montesquieu, r. Montesquieu, près le Palais-Royal, Paris.

Dictionnaire de la Langue française usuelle, de 416 pages

Prix, cartonné, 1 fr.; franco, 1 fr. 20.

Prévost Manon Lescaut... 1
Quinte-Curce. Histoire d'A-
lexandre le Grand........ 3
Rabelais. Œuvres.......... 5
Racine Esther Athalie.... 1
— Phèdre. Britannicus..... 1
— Andromaque. Plaideurs. 1
— Iphigénie. Mithridate.... 1
— Bérénice. Bajazet....... 1
Regnard. Voyages.......... 1
— Le Joueur. Folies....... 1
— Le Légataire universel. 1
Roland (M⁻ᵉ) Mémoires.... 4
Rousseau (J.-J.) Emile, 4v.;
Contrat social, 1 v.; De
l'Inégalité, 1 v.; La Nou-
velle Héloïse, 5 vol ; Con-
fessions 5
Saint-Réal. Don Carlos. Con-
juration contre Venise.. 1
Salluste. Catilina. Jugurtha. 1
Scarron. Roman comique... 3
— Virgile travesti......... 3
Schiller. Les Brigands..... 1
— Guillaume Tell......... 1
Sedaine Philosophe sans le
savoir. La Gageure...... 1
Sévigné (Mᵐᵉ de). Lettres
choisies... 2
Shakespeare. Hamlet, 1 v.;
Roméo et Juliette, 1 v.;
Othello, 1 v.; Macbeth,
1 v.; Le Roi Lear, 1 v ;
Le Marchand de Venise,
1 v.; Joyeuses Commères,

1 v ; Le Songe d'une Nuit
d'été, 1 v ; La Tempête,
1 v.; Vie et Mort de Ri-
chard III, 1 v.; Henri VIII,
1 v.; Beaucoup de bruit
pour rien, 1 v.; Jules César 1
Sterne Voyage sentimental 1
— Tristram Shandy........ 4
Suétone. Douze Césars 2
Swift Voyages de Gulliver. 2
Tacite. Mœurs des Germains 1
— Annales de Tibère....... 2
Tasse. Jérusalem délivrée. 2
Tassoni. Seau enlevé...... 2
Tite-Live. Histoire de Rome 2
Vauban. La Dîme royale... 1
Vauvenargues. Choix 1
Virgile. L'Enéide......... 2
— Bucoliques et Géorgiques 1
Volney Les Ruines. La Loi
naturelle 2
Voltaire Charles XII. 2 v ;
Siècle de Louis XIV, 4 v.;
Histoire de Russie, 2 v ;
Romans, 5 v.; Zaïre, Mé-
rope. 1 v.; Mahomet, Mort
de César, 1 v ; La Hen-
riade, 1 v.; Contes en vers
et Satires, 1 v.; Traité sur
la Tolérance, 2 v.; Corres-
pondance avec le roi de
Prusse................. 1
Xénophon. Retraite des Dix
Mille. 1
— La Cyropédie.......... 2

Le vol. broché, **25** c.; relié, **45** c.; F°, **10** c. en sus par volume.

Nota. — Le colis postal diminue beaucoup les frais de port :
1 colis de 3 kil. peut contenir 38 vol. brochés ou 34 reliés; celui de
5 kil., 65 vol. brochés ou 55 reliés.

Adresser les demandes affranchies à M. L. PFLUGER, *éditeur,
passage Montesquieu, r. Montesquieu, près le Palais-Royal, Paris.*

Dictionnaire de la Langue française usuelle, de 416 pages
Prix, cartonné, 1 fr.; franco, 1 fr. 20.